CONSTELANDO

LAS RELACIONES

Y LA SALUD

Lidia Nester

ISBN: 9798339559818
Publicado de forma independiente
Florida, Estados Unidos

LIDIANESTER.COM
CONTACTOS PARA ENTREVISTAS, CURSOS Y CERTIFICACIONES:
INFO@LIDIANESTER.COM

DEDICATORIA

Dedico este libro a todas las almas valientes que, con apertura y coraje, eligen mirar hacia su interior y descubrir los vínculos invisibles que moldean su vida y su bienestar.

A quienes, en su búsqueda de equilibrio y sanación, han decidido constelar, reconociendo que las relaciones, sean familiares o con uno mismo, son el eje que sostiene nuestra salud física, emocional y espiritual.

A mis maestros, guías y antepasados, quienes me han mostrado el camino de la consciencia y la sanación a través de su amor y sabiduría. Sin ellos, este viaje no habría sido posible.

Y a ti, lector, que has tomado este libro en tus manos.

Que cada palabra aquí escrita te acompañe en la restauración de tu equilibrio interno y en la construcción de relaciones más profundas y auténticas.

Con gratitud y amor,

LIDIA NESTER.

CONTENIDO

AGRADECIMIENTOS

Francisco, tu amor alimenta mis esfuerzos,

y es un reflejo de la conciencia y valoración que impregna nuestra vida.

Con amor;

Lidia

INTRODUCCIÓN

Querido lector,

Te doy la bienvenida a un viaje profundo y transformador a través de las páginas de *Constelando las Relaciones y la Salud*. He dedicado mi vida a explorar los sutiles entrelazados de nuestras relaciones y nuestra salud desde la perspectiva de las Constelaciones Familiares. Este libro es el resultado de años de estudio, reflexión y experiencia en el fascinante campo de la sanación y la integración familiar.

La vida es un tejido complejo de conexiones invisibles y vibraciones profundas que no comprendemos del todo. En *Constelando Las Relaciones y La Salud*, te invito a descubrir cómo estas conexiones afectan nuestras relaciones y nuestra salud, y cómo podemos armonizar estos aspectos para lograr un bienestar integral. A través de la exploración de temas tan variados como la dinámica de pareja, la influencia de los padres en los hijos, y la manifestación de enfermedades, este libro pretende ofrecerte una guía clara y comprensible para entender y sanar las profundas corrientes que subyacen en tu vida.

Comenzaremos explorando la relación de pareja, un área fundamental en la que el equilibrio y la armonía pueden marcar una diferencia significativa en nuestra vida diaria. Analizaremos los factores inconscientes que influyen en nuestra elección de pareja y cómo las interrupciones en la relación pueden afectar nuestro bienestar. Aprenderemos a recuperar el equilibrio y a cerrar ciclos con amor y comprensión.

Avanzaremos hacia la dinámica entre padres e hijos, abordando temas cruciales como el movimiento interrumpido y la influencia de la ausencia parental. Cada sección está diseñada para iluminar los patrones invisibles que pueden estar afectando tu vida y proporcionarte herramientas para transformar estos patrones en fuentes de fortaleza y sanación.

En la última parte del libro, nos enfocaremos en la salud perfecta. Aquí, exploraremos cómo las creencias limitantes y los patrones transgeneracionales pueden manifestarse en enfermedades físicas y emocionales. Desde problemas de conducta en la niñez hasta trastornos más graves como el cáncer y las adicciones, te guiaré a través de rituales y enfoques para constelar la salud y restaurar el equilibrio en tu vida.

Constelando Las Relaciones y La Salud es una invitación a mirar más allá de lo superficial y a adentrarte en el corazón de tus experiencias. A través de la lectura de este libro, espero que encuentres una nueva perspectiva sobre tus relaciones, tu salud y, en última instancia, sobre ti mismo. Cada capítulo está diseñado para ofrecerte claridad, comprensión y herramientas prácticas para ayudarte a sanar y a prosperar en todos los aspectos de tu vida.

Te agradezco profundamente por embarcarte en este viaje conmigo. Estoy seguro de que, juntos, descubriremos nuevas formas de transformar nuestras vidas y alcanzar un estado de equilibrio y bienestar duradero.

Con afecto y gratitud,

LIDIA NESTER
Orlando, 2024

CONSTELANDO LAS RELACIONES

"La mente no está solo en el cerebro. Está en la relación entre las personas."
Dan Siegel

Las constelaciones familiares son una poderosa herramienta que se adentra en las profundidades de la psique y el alma para revelar y transformar patrones inconscientes que, dictan nuestras interacciones y relaciones. Desarrollada por Bert Hellinger, esta metodología no se limita a tratar los síntomas superficiales de los conflictos, sino que busca la raíz de las dinámicas disfuncionales que pueden estar arraigadas en la historia familiar o en las conexiones transgeneracionales.

Hellinger descubrió que muchos problemas personales y relacionales tienen su origen en lealtades invisibles, traumas no resueltos, o dinámicas de exclusión dentro del sistema familiar. Estos elementos, aunque inconscientes, ejercen una influencia significativa en nuestras vidas, perpetuando patrones de comportamiento, sufrimiento, o incluso enfermedades. Las constelaciones familiares ofrecen un espacio para hacer visibles estas dinámicas ocultas, permitiendo a los individuos y familias ver con mayor claridad las fuerzas subyacentes que están en juego.

En el acto de "constelar" una relación, se despliega un campo de información que refleja no solo las conexiones emocionales y espirituales entre las personas, sino también los desequilibrios y desórdenes sistémicos que pueden estar presentes. Este proceso no se limita a relaciones familiares directas, sino que también puede abarcar amistades, relaciones laborales, y vínculos amorosos. A través de la constelación, es posible identificar, por ejemplo, cómo una relación actual puede estar influenciada por un trauma ancestral o una exclusión dentro de la familia que nunca se reconoció.

El objetivo de la constelación no es simplemente entender estas dinámicas, sino sanarlas y reordenarlas dentro del sistema. Este reordenamiento busca restaurar el flujo de amor y energía en el sistema familiar, permitiendo que cada miembro ocupe su lugar correcto, lo que resulta en una liberación emocional profunda y un cambio positivo en las relaciones cotidianas. Al reconocer y honrar el pasado, y al reestablecer el equilibrio en el sistema, las constelaciones familiares abren la puerta a nuevas posibilidades de relación, más saludables y armoniosas, tanto con los demás como con uno mismo.

Constelar una relación es una experiencia transformadora que permite a los individuos reconectar con la esencia de sus vínculos más significativos, liberando patrones disfuncionales y creando un espacio para que emerja una conexión más genuina y enriquecedora. Este enfoque holístico y sistémico de la terapia es un recordatorio de que nuestras vidas y relaciones están profundamente interconectadas con nuestro linaje, y que sanar esas conexiones puede tener un impacto duradero y positivo en nuestro bienestar emocional y espiritual.

I. LA PAREJA

"El amor de pareja no es un sentimiento que surge de la nada, sino que es un acto que debe ser nutrido y sostenido por la comprensión de las fuerzas invisibles que influyen en nuestra relación. Es a través del reconocimiento y la aceptación de estas dinámicas profundas que el amor verdadero puede florecer."

Bert Hellinger

El amor es una de las fuerzas más poderosas y complejas que moldean nuestras vidas. En el contexto de las constelaciones familiares, el amor se manifiesta de múltiples maneras, algunas de las cuales pueden ser desafiantes o incluso dolorosas. Un ejemplo común es el fenómeno en el cual los hijos, en un acto de profundo "amor ciego", asumen inconscientemente las cargas emocionales de sus padres con la esperanza de aliviar su sufrimiento. Este tipo de amor, aunque bienintencionado, puede crear dinámicas desbalanceadas donde uno se sacrifica en exceso, o donde el amor se expresa de formas que, en última instancia, resultan en patrones poco saludables y disfuncionales.

"Constelar" el amor en este contexto significa identificar y liberar estos patrones, permitiendo que el amor circule de manera más libre y equilibrada dentro del sistema familiar. Este proceso puede involucrar la revelación de amores reprimidos, lealtades invisibles hacia ancestros, o la liberación de resentimientos y conflictos no resueltos que han sido heredados de generaciones anteriores. Al abordar estas dinámicas, se abre la puerta a la posibilidad de experimentar relaciones más auténticas y satisfactorias, donde el amor no esté distorsionado por cargas ancestrales o expectativas inconscientes.

El primer paso hacia la sanación en las constelaciones familiares es la toma de conciencia. A través de una constelación, las personas pueden visibilizar y sentir las dinámicas ocultas que han estado operando en su sistema familiar, proporcionando una comprensión más profunda de los problemas y conflictos en sus relaciones. Esta revelación no solo es impactante, sino también liberadora, ya que ofrece una nueva perspectiva y la oportunidad de romper con patrones repetitivos que han limitado el flujo natural del amor.

Por ejemplo, una persona que enfrenta dificultades para establecer relaciones de pareja estables puede descubrir, en el transcurso de una constelación, que está inconscientemente identificada con un abuelo o abuela que experimentó una tragedia amorosa. Esta conexión invisible puede haber estado influyendo en su capacidad para abrirse al amor de manera plena y equilibrada. Al reconocer y comprender esta alineación inconsciente, la persona puede comenzar a liberarse de viejas lealtades y, en consecuencia, abrirse a nuevas posibilidades en el amor, libres de las cargas emocionales del pasado.

Este trabajo profundo no solo transforma las relaciones presentes, sino que también tiene un efecto sanador que se extiende a futuras generaciones. Al constelar el amor, se reordena el sistema familiar, permitiendo que cada miembro ocupe su lugar adecuado y que el amor fluya sin distorsiones ni interferencias. De esta manera, las constelaciones familiares ofrecen una vía para sanar el pasado, liberando a las personas de patrones repetitivos y creando un espacio para que el amor auténtico y sano pueda florecer en el presente y futuro.

LOS INNEGOCIABLES

En el contexto de las constelaciones familiares, se identifican ciertos principios esenciales que son considerados "irrenunciables" para el bienestar y la armonía en una relación de pareja. Estos principios no solo contribuyen al equilibrio de la relación, sino que también permiten que ambos miembros puedan desarrollarse y florecer tanto individualmente como en conjunto. A continuación, se exploran algunos de estos elementos fundamentales que subyacen en una relación de pareja sana:

1. Equilibrio entre Dar y Recibir

El equilibrio entre dar y recibir es uno de los principios fundamentales que rigen las dinámicas en las constelaciones familiares. Este principio sostiene que para que una relación sea saludable y sostenible, debe existir un flujo equilibrado entre lo que se ofrece y lo que se recibe. Este intercambio no se refiere únicamente a bienes materiales, sino también a aspectos emocionales, apoyo, tiempo y energía. Cuando este equilibrio se altera, pueden surgir tensiones, resentimientos y desequilibrios de poder, que eventualmente deterioran la relación.

En una relación de pareja, por ejemplo, cuando una de las personas da continuamente sin recibir, puede experimentar agotamiento emocional y resentimiento. La falta de reciprocidad crea una sensación de explotación, donde el esfuerzo de uno no es valorado o correspondido. Por otro lado, la persona que solo recibe sin ofrecer a cambio puede desarrollar sentimientos de culpa, dependencia, o incluso una sensación de superioridad que desestabiliza la relación. Este desequilibrio puede generar un ciclo vicioso donde ambas partes se sienten insatisfechas y desconectadas.

En relaciones entre pares, como entre amigos o compañeros de trabajo, se espera que el equilibrio en el dar y recibir sea aproximadamente igual, lo que significa que ambas partes contribuyan y reciban en igual medida. Sin embargo, en otros tipos de relaciones, como entre padres e hijos, el equilibrio puede no ser igualitario, ya que el rol de un padre o madre implica naturalmente un mayor grado de entrega. No obstante, incluso en estas relaciones, es importante que haya algún tipo de reciprocidad, aunque sea en forma de reconocimiento, gratitud o afecto, para que la relación mantenga su armonía.

Las constelaciones familiares permiten identificar y trabajar estos desequilibrios al hacer visible cómo los patrones de dar y recibir se han desarrollado y cómo influyen en las relaciones actuales. A través del proceso terapéutico, se puede reestablecer un flujo más armonioso que promueva la equidad y el respeto mutuo. Esto no solo beneficia a los individuos en sus relaciones inmediatas, sino que también tiene un efecto sanador en el sistema familiar más amplio, donde estos patrones pueden haberse originado y perpetuado a lo largo de generaciones.

En el contexto de una relación de pareja, mantener un intercambio equilibrado es esencial para evitar que uno de los miembros se sienta subvalorado o sobrecargado. Un balance adecuado fortalece la conexión emocional, facilita el respeto mutuo, contribuyendo a la creación de un ciclo de reciprocidad positiva. Cuando ambos miembros de la pareja se sienten igualmente valorados y comprometidos, la relación no solo se vuelve más resiliente frente a los desafíos, sino que también permite un crecimiento conjunto, donde ambos pueden desarrollarse y prosperar dentro de la relación.

Restaurar el equilibrio entre dar y recibir no es simplemente una cuestión de justicia, sino una necesidad para la salud y la vitalidad de cualquier relación. Al abordar estas dinámicas en constelaciones familiares, se facilita un proceso de sanación profundo que puede transformar las relaciones en todos los niveles, permitiendo que el amor y el respeto fluyan de manera más libre y natural.

2. Respeto Mutuo

El respeto mutuo constituye uno de los pilares fundamentales en cualquier relación de pareja, y su presencia es esencial para el desarrollo de un vínculo saludable y equilibrado. Este respeto va más allá de la simple cortesía; implica un reconocimiento profundo y genuino de las diferencias individuales, las trayectorias de vida y las necesidades emocionales de cada persona. En el contexto de las constelaciones familiares, este principio adquiere una dimensión aún más significativa, ya que subraya la necesidad de honrar no solo al individuo, sino también su historia familiar y su destino.

Dentro de este enfoque terapéutico, se reconoce que cada persona lleva consigo un legado familiar, compuesto por experiencias, traumas y lealtades que influyen en su manera de ser y en sus relaciones. Respetar a la pareja en este sentido significa aceptar su bagaje familiar tal como es, sin intentar modificarlo ni imponer nuestras propias creencias o expectativas. Este tipo de respeto se traduce en una aceptación profunda de la otra persona, reconociendo que su historia y su destino son aspectos sagrados e inviolables, que deben ser honrados en lugar de juzgados o corregidos.

El respeto mutuo también abarca la aceptación de las limitaciones personales y la necesidad de espacio de cada uno dentro de la relación. Cada miembro de la pareja debe ser consciente de que su compañero tiene derecho a su propio crecimiento, a su propio ritmo, y a mantener su individualidad dentro de la relación. Esto implica dar espacio para que cada uno pueda explorar sus propios intereses y necesidades, sin sentir la presión de conformarse completamente con las expectativas del otro.

En esencia, el respeto mutuo en una relación de pareja, tal como se entiende en las constelaciones familiares, es un acto de profundo reconocimiento del otro como un ser independiente y completo, con su propia trayectoria vital. Este respeto es la base sobre la cual se construye una relación verdaderamente sólida y duradera, capaz de resistir las inevitables tensiones y desafíos que surgen en cualquier vínculo íntimo. Al honrar la individualidad y la historia de cada miembro de la pareja, se crea un espacio seguro y sagrado en el que ambos pueden florecer y evolucionar juntos, en un equilibrio armonioso entre la unión y la independencia.

3. Equidad en la Relación de Poder

Una relación de pareja verdaderamente saludable se fundamenta en un equilibrio genuino en la distribución del poder y en la participación equitativa en la toma de decisiones. En este contexto, es esencial que ninguno de los miembros de la pareja asuma un rol dominante ni se someta al otro, ya que tal desequilibrio genera una dinámica de desigualdad que puede deteriorar la relación con el tiempo, conduciendo a conflictos persistentes, resentimiento, e incluso a la eventual ruptura.

El poder compartido dentro de la pareja es crucial para asegurar que ambos individuos se sientan igualmente valorados y respetados en sus aportaciones y decisiones. Este equilibrio facilita un entorno de confianza y colaboración, donde cada persona tiene la oportunidad de expresar sus opiniones y necesidades sin temor a ser menospreciada o ignorada. Cuando ambos miembros de la pareja participan activamente en la toma de decisiones y en la construcción conjunta de su vida compartida, se fortalece el sentido de unidad y propósito común.

Además, la equidad en la dinámica de poder no solo implica igualdad en las decisiones importantes, sino también en la consideración mutua de los deseos, intereses y perspectivas de cada uno. Esto significa que las decisiones se toman en un proceso de diálogo abierto y respetuoso, donde se busca un consenso que refleje las necesidades y aspiraciones de ambos, en lugar de imponer la voluntad de uno sobre el otro. Este enfoque no solo previene la acumulación de tensiones y resentimientos, sino que también nutre una relación basada en el respeto mutuo y en la reciprocidad.

En definitiva, una relación de pareja equilibrada en términos de poder es aquella donde ambos individuos se sienten empoderados para contribuir de manera significativa a la vida conjunta, sin temor a ser dominados o subyugados. Esta equidad es fundamental para el desarrollo de una conexión sólida y duradera, en la que cada miembro de la pareja se siente plenamente reconocido, respetado y valorado.

4. Reconocimiento de los Orígenes y las Lealtades Familiares

Dentro del enfoque de las constelaciones familiares, se considera que cada individuo es portador de una compleja herencia familiar, que incluye lealtades invisibles y patrones intergeneracionales que pueden influir profundamente en sus relaciones. Estas lealtades no son simplemente hábitos o costumbres adquiridos, sino vínculos profundos que conectan al individuo con su linaje, de manera inconsciente. Es crucial que ambos miembros de la pareja reconozcan estas influencias y las respeten, comprendiendo que juegan un papel significativo en la dinámica de la relación.

En lugar de exigir que la pareja renuncie a sus lealtades familiares, lo ideal es encontrar un equilibrio que permita la integración armoniosa de ambas historias familiares. Esto no solo fortalece el vínculo entre los miembros de la pareja, sino que también honra las raíces que los han formado. Las constelaciones familiares subrayan la importancia de este reconocimiento, ya que cualquier intento de negar o desvalorizar las lealtades familiares del otro puede dar lugar a tensiones y desequilibrios que afecten negativamente la relación.

Cada persona llega a la relación con una historia familiar única, compuesta de experiencias, heridas, y aprendizajes que han moldeado su identidad. Reconocer y respetar estos orígenes es esencial para construir una relación sólida y equilibrada. Este reconocimiento implica algo más que aceptar las diferencias: es un acto de honrar las raíces y las vivencias que han forjado el ser de la otra persona. En el contexto de las constelaciones familiares, se considera que cualquier falta de respeto hacia el sistema familiar de origen de la pareja puede desencadenar desequilibrios que se manifestarán como conflictos o desconexión emocional dentro de la relación.

El respeto por el sistema familiar de origen, tal como se plantea en las constelaciones familiares, no se trata de una mera cortesía, sino de una necesidad fundamental para el bienestar de la pareja. La energía que fluye de las raíces familiares hacia los individuos debe ser valorada y preservada, pues cualquier intento de alterar o despreciar estas conexiones puede interferir con el flujo natural de amor y apoyo dentro de la relación. Es, por lo tanto, a través del reconocimiento y la integración consciente de estas influencias familiares que la pareja puede encontrar un camino hacia la armonía y el crecimiento conjunto.

En resumen, en el marco de las constelaciones familiares, la relación de pareja se fortalece cuando ambos miembros comprenden la importancia de honrar y respetar los orígenes y lealtades familiares del otro. Este enfoque no solo facilita la convivencia y el entendimiento mutuo, sino que también promueve una integración más profunda y significativa de sus respectivas historias, permitiendo que la relación evolucione de manera saludable y equilibrada.

5. Estar presente

Los asuntos no resueltos del pasado ya sean de índole personal o familiar, pueden ejercer una influencia negativa sobre la relación de pareja, impidiendo que uno de los miembros esté verdaderamente presente en el vínculo. Estos asuntos no solo distorsionan la percepción del otro, sino que también desvían la atención hacia el pasado, haciendo que la persona afectada mire hacia atrás en lugar de hacia el futuro compartido con su pareja.

En el marco de las constelaciones familiares, se subraya la necesidad de resolver estos asuntos inconclusos para evitar que interfieran en la relación actual. La práctica de constelaciones pone en evidencia cómo las heridas emocionales no sanadas, las lealtades invisibles, y los patrones heredados pueden proyectarse sobre la pareja, creando barreras que impiden una conexión auténtica y profunda. Sanar estas heridas implica no solo un proceso de liberación personal, sino también una responsabilidad compartida dentro de la relación.

El trabajo terapéutico en este contexto no se limita a una simple reconciliación con el pasado, sino que aboga por una integración consciente de las experiencias vividas. Esto incluye el acto de perdonar, que no es solo una liberación emocional, sino una decisión consciente de soltar las cargas que no pertenecen al presente. Perdonar, en este sentido, no implica olvidar o justificar, sino reconocer y liberar el peso emocional que esos eventos del pasado han tenido sobre la persona y, por ende, sobre la relación.

Cada miembro de la pareja tiene la responsabilidad de abordar sus propios asuntos pendientes, reconociendo que el bienestar de la relación depende de la capacidad de ambos para estar plenamente presentes. El proceso de constelación facilita este trabajo individual, proporcionando una visión clara de cómo los eventos pasados afectan la dinámica presente. Al trabajar en estos temas, cada persona contribuye no solo a su propio crecimiento y sanación, sino también a la salud y fortaleza de la relación en su conjunto.

En última instancia, estar presente en la relación implica una mirada hacia adelante, una disposición para construir un futuro común desde un lugar de claridad y libertad emocional. Es un compromiso con uno mismo y con el otro, de mantener el foco en el presente, en el aquí y ahora, creando un espacio donde el amor y la conexión puedan florecer sin las sombras del pasado.

6. Autenticidad y Transparencia

La autenticidad y la transparencia son pilares fundamentales para establecer y mantener una relación basada en la confianza y la seguridad emocional. La autenticidad implica ser congruente entre lo que se siente, se piensa y se expresa, permitiendo que los actos y palabras reflejen la verdadera esencia de la persona. La transparencia, por su parte, se refiere a la claridad y sinceridad en la comunicación de los propios sentimientos, necesidades y expectativas, evitando juegos de poder, manipulaciones o máscaras que puedan distorsionar la interacción.

En el contexto de las constelaciones familiares, estos valores adquieren una relevancia aún mayor. El proceso terapéutico invita a los participantes a abrirse de manera genuina, mostrando no solo sus fortalezas sino también sus heridas y vulnerabilidades. Esta disposición a ser vulnerables no es un signo de debilidad, sino una demostración de coraje y confianza en el proceso, y en los vínculos que se están tratando de sanar y fortalecer.

La autenticidad y la transparencia en una relación permiten que cada individuo se sienta visto y comprendido en su totalidad, lo que es esencial para construir un vínculo sólido y duradero. Cuando ambas partes se comunican desde un lugar de honestidad y claridad, se crea un espacio seguro donde no hay lugar para malentendidos ni resentimientos ocultos. Este entorno de confianza mutua se convierte en la base sobre la cual se pueden resolver conflictos, fortalecer la conexión emocional, y cultivar un sentido de seguridad y pertenencia.

La confianza que surge de esta autenticidad y transparencia va más allá de la simple convicción de que el otro no infligirá daño físico, mental, emocional o espiritual. Es una confianza profunda que permite la intimidad y la cooperación, sabiendo que las intenciones del otro son genuinas y están alineadas con el bienestar común. En las constelaciones familiares, este nivel de confianza facilita la exploración de dinámicas ocultas y la liberación de patrones que han limitado la expresión plena del amor y la armonía dentro de la relación.

Por lo tanto, cultivar la autenticidad y la transparencia no solo es crucial para la salud de la relación, sino que también actúa como un catalizador para la sanación y el crecimiento personal y mutuo. A través de este compromiso con la verdad y la claridad, las relaciones se transforman en espacios donde ambos miembros pueden florecer, apoyados por una base de confianza que fortalece cada aspecto de su conexión.

7. Fidelidad y Compromiso

La fidelidad, concebida como lealtad y compromiso profundo dentro de la pareja, es un componente esencial e innegociable en cualquier relación. En el contexto de las constelaciones familiares, la fidelidad trasciende la mera exclusividad sexual y abarca también el compromiso emocional, la confianza mutua y el apoyo incondicional. Esta fidelidad es crucial para que ambos miembros de la pareja se sientan seguros, valorados y confiados en el compromiso del otro, fortaleciendo así la base sobre la cual se construye la relación.

La lealtad hacia la pareja no solo se manifiesta en el presente, sino que, en el enfoque de las constelaciones familiares, se extiende a los lazos ancestrales y a las dinámicas transgeneracionales que influyen en la relación actual. Patrones de comportamiento, conflictos no resueltos o lealtades invisibles hacia miembros del sistema familiar pueden repercutir en la pareja, repitiéndose de generación en generación. Estas influencias inconscientes pueden crear tensiones, malentendidos o bloqueos emocionales que, sin una intervención adecuada, dificultan la conexión auténtica entre los miembros de la pareja.

En este sentido, el trabajo con constelaciones familiares permite identificar y resolver esos conflictos latentes dentro del sistema familiar. Al hacerlo, la pareja puede liberarse de cargas y patrones repetitivos que no les pertenecen directamente, pero que han heredado de sus antepasados. Este proceso no solo fortalece el vínculo entre los miembros de la pareja, sino que también les permite establecer una relación más libre y auténtica, basada en una lealtad consciente y no en mandatos inconscientes.

El compromiso con la relación implica, por tanto, un trabajo consciente y activo para mantener y nutrir ese vínculo, reconociendo la importancia de las raíces familiares y los vínculos ancestrales en la dinámica de pareja. Al liberar las cargas del pasado y alinear el compromiso presente con un futuro compartido, se construye una base sólida que permite a la pareja crecer y evolucionar juntos, en un espacio de respeto, apoyo mutuo y fidelidad genuina.

8. Espacio para el Crecimiento Personal

Si bien la relación de pareja es una entidad significativa y única, es igualmente esencial que cada miembro disponga del espacio necesario para su propio crecimiento y desarrollo personal. Las constelaciones familiares subrayan la importancia de que cada individuo, dentro de una relación, cultive sus propios intereses, objetivos y aspiraciones. Este enfoque no solo fortalece la individualidad de cada persona, sino que también enriquece la dinámica de la pareja, fomentando una conexión más profunda y significativa.

En este marco, se reconoce que el respeto por los límites y la autonomía personal no es solo un aspecto deseable, sino un principio fundamental para mantener el equilibrio en la relación. Cuando cada miembro de la pareja tiene la oportunidad de crecer y desarrollarse de manera independiente, se crea un entorno donde el vínculo puede evolucionar de manera más saludable. Este espacio para la individualidad permite a cada persona aportar su mejor versión al vínculo, lo que a su vez nutre la relación y la hace más resiliente frente a los desafíos.

Los principios que subyacen a este enfoque son inquebrantables y fundamentales para el cultivo de una relación de pareja equilibrada y saludable, según la perspectiva de las constelaciones familiares. Al honrar y valorar tanto la unidad como la individualidad dentro de la relación, las parejas pueden construir una base sólida caracterizada por el respeto mutuo, la autenticidad y el compromiso genuino. Esto no solo fortalece la relación en su conjunto, sino que también permite que ambos miembros florezcan tanto en su desarrollo personal como en su crecimiento conjunto, creando así un vínculo más profundo, resiliente y enriquecedor.

En última instancia, las constelaciones familiares enseñan que una relación sólida no se basa en la fusión o dependencia mutua, sino en el equilibrio armonioso entre la interdependencia y la independencia. Al cultivar este equilibrio, las parejas pueden navegar juntos en su camino de vida, apoyándose mutuamente en su crecimiento personal y en la construcción de una relación que evoluciona y se fortalece con el tiempo.

¿CÓMO SE PIERDE EL EQUILIBRIO EN LA PAREJA?

El equilibrio en una relación de pareja es fundamental para el bienestar y la estabilidad emocional de ambos miembros. Sin embargo, este equilibrio puede verse comprometido por una variedad de factores que, si no se abordan a tiempo, pueden llevar a tensiones y conflictos significativos. A continuación, exploramos algunas de las formas más comunes en que las parejas pueden perder su equilibrio, proporcionando ejemplos prácticos y casos ilustrativos para una mejor comprensión.

1. Falta de Comunicación

La comunicación es el fundamento esencial sobre el cual se construye y mantiene cualquier relación saludable. En el contexto de una pareja, la capacidad de dialogar de manera efectiva no solo facilita la resolución de problemas cotidianos, sino que también es crucial para el desarrollo de una conexión emocional profunda y sostenida. Cuando la comunicación se deteriora, se abre la puerta a una serie de dinámicas disfuncionales que pueden minar la estabilidad de la relación.

El cese de una comunicación clara y sincera genera malentendidos, que se convierten en fuentes de frustración y conflicto. Estos malentendidos no son simplemente errores de interpretación, sino que reflejan una desconexión más profunda, en la que las intenciones y sentimientos de uno o ambos miembros no son adecuadamente percibidos o reconocidos. Este fallo en la comunicación puede manifestarse de varias maneras: desde la omisión de expresar deseos y necesidades hasta la evasión de discusiones difíciles por temor a la confrontación.

El resentimiento es otro subproducto crítico de la falta de comunicación efectiva. Cuando las necesidades emocionales y psicológicas de un individuo no son satisfechas o cuando no se sienten escuchadas, comienza a desarrollarse un sentimiento de injusticia o de ser menospreciado dentro de la relación. Este resentimiento, si no se aborda, puede enraizarse, afectando negativamente la percepción de la relación en su totalidad.

Además, la ausencia de un diálogo abierto y honesto puede conducir al distanciamiento emocional. Este distanciamiento no ocurre de la noche a la mañana, sino que es el resultado acumulativo de interacciones fallidas y mal gestionadas. A medida que la pareja se aleja emocionalmente, el sentido de conexión y empatía disminuye, creando un entorno donde la soledad y el aislamiento pueden surgir incluso dentro de la relación.

En última instancia, la falta de comunicación eficaz no solo impacta la dinámica diaria de la pareja, sino que socava la confianza y la seguridad emocional que son vitales para el bienestar de la relación. Es fundamental que ambos miembros reconozcan la importancia de mantener un diálogo constante, claro y honesto para garantizar que sus necesidades y expectativas sean comprendidas y valoradas, promoviendo así una relación equilibrada y satisfactoria.

Ejemplo práctico

María y Juan, tras cinco años de matrimonio, han comenzado a experimentar un cambio en la dinámica de su relación que, aunque sutil al principio, se ha ido intensificando con el tiempo. Juan ha empezado a llegar tarde a casa con más frecuencia y parece emocionalmente distante. Este comportamiento, lejos de ser confrontado, es recibido por María con una mezcla de preocupación y resignación. En lugar de expresar abiertamente sus inquietudes, María opta por reprimir sus sentimientos, evitando el conflicto en el corto plazo, pero sembrando las semillas de una tensión emocional que va en aumento.

La decisión de María de no abordar el tema de manera directa puede estar influenciada por varios factores, como el miedo a la confrontación, la esperanza de que la situación se resuelva por sí sola, o incluso una creencia subyacente de que expresar sus preocupaciones podría empeorar la situación. Sin embargo, este silencio autoimpuesto no sólo impide la resolución de los problemas, sino que también agrava el distanciamiento entre ambos.

La falta de comunicación en esta etapa crítica de la relación crea un vacío en el que cada uno comienza a interpretar el comportamiento del otro de manera subjetiva y posiblemente errónea. María podría percibir el alejamiento de Juan como una falta de interés en la relación, mientras que Juan, al no recibir ninguna señal de preocupación de parte de María, podría asumir que todo está bien, o que su distanciamiento emocional es necesario para evitar conflictos.

Con el tiempo, esta desconexión emocional se solidifica, transformando lo que alguna vez fue una relación basada en el compañerismo y la intimidad en una coexistencia que carece de la profundidad necesaria para nutrir y fortalecer el vínculo matrimonial. Ambos comienzan a experimentar la sensación de vivir vidas paralelas, donde la interacción se limita a las rutinas diarias y a las responsabilidades compartidas, pero carece del intercambio emocional y afectivo que es esencial para mantener una conexión íntima y significativa.

Este fenómeno, común en muchas relaciones, ilustra cómo la falta de comunicación abierta y honesta puede erosionar gradualmente el vínculo entre dos personas. Sin un esfuerzo consciente por parte de ambos para abordar y resolver los problemas subyacentes, el distanciamiento puede convertirse en un patrón crónico, difícil de revertir, lo que eventualmente podría llevar a un desgaste irreversible de la relación.

En este contexto, la intervención oportuna, ya sea a través de la comunicación directa entre los miembros de la pareja o con la ayuda de un mediador o terapeuta, es crucial para evitar que la relación se deteriore aún más. La clave reside en crear un espacio seguro en el que ambos puedan expresar sus sentimientos y preocupaciones sin miedo a ser juzgados o rechazados, permitiendo así la posibilidad de reconectar y restablecer el equilibrio emocional en la relación.

2. Desequilibrios en las Dinámicas de Poder

En una relación verdaderamente equilibrada, es fundamental que ambos miembros experimenten un sentido de equidad en la dinámica de poder, donde sus voces no solo sean escuchadas, sino también respetadas y consideradas en la toma de decisiones. Este equilibrio no se limita a la mera expresión de opiniones, sino que se extiende a la capacidad de influir genuinamente en el curso de la relación, garantizando que las decisiones reflejen las necesidades y deseos de ambos.

Cuando uno de los miembros de la pareja comienza a ejercer un control desproporcionado, se produce una distorsión en esta dinámica que puede erosionar la base misma de la relación. Este desequilibrio de poder puede presentarse de diversas maneras, desde la sutil manipulación emocional hasta la más evidente imposición de decisiones unilaterales. En estos casos, el miembro dominante puede recurrir a tácticas como la descalificación de las opiniones del otro, la minimización de sus sentimientos, o la omisión deliberada de su participación en decisiones críticas.

Este tipo de control no solo socava la autonomía del otro miembro de la pareja, sino que también puede llevar a un deterioro significativo de la confianza y el respeto mutuo. La relación, que debería basarse en la cooperación y el entendimiento mutuo, se convierte en un terreno donde la voluntad de uno prevalece a expensas del bienestar del otro. Con el tiempo, este patrón de dominación puede generar resentimiento, desconfianza y, en última instancia, la desconexión emocional.

Para restablecer el equilibrio en la relación, es crucial que ambas partes reconozcan y aborden activamente estas dinámicas de poder. Esto implica un compromiso mutuo con la transparencia, la negociación equitativa y la disposición a ceder cuando sea necesario. La clave radica en construir una relación donde el poder no sea un juego de suma cero, sino una fuerza compartida que fortalezca el vínculo entre ambos miembros.

Ejemplo práctico

Ana y Pedro han compartido una relación de ocho años, un tiempo considerable que ha permitido el desarrollo de ciertas dinámicas dentro de la pareja. Desde el inicio de su relación, Pedro ha asumido un rol predominante en la toma de decisiones financieras. Inicialmente, Ana no percibió esta dinámica como problemática, posiblemente porque confiaba en las capacidades de Pedro o porque la situación se presentaba de manera natural dentro del contexto de su relación. Sin embargo, con el paso del tiempo, esta distribución de responsabilidades financieras ha revelado un profundo desequilibrio en la relación.

Ana ha comenzado a experimentar una creciente sensación de invisibilidad en los asuntos financieros. La falta de consulta por parte de Pedro no solo implica la omisión de su opinión, sino que también refleja una subvaloración de su capacidad para contribuir a decisiones que afectan a ambos. Este patrón de comportamiento ha generado en Ana una sensación de desigualdad, donde su rol en la relación se ve disminuido frente al predominio de Pedro.

El problema central no reside únicamente en la gestión de las finanzas, sino en lo que esta dinámica simboliza: una distribución desigual de poder y valor dentro de la relación. Cuando una persona en una pareja monopoliza la toma de decisiones, especialmente en áreas tan críticas como las finanzas, se corre el riesgo de crear un ambiente en el que la otra persona se sienta desautorizada y desvalorizada. Este tipo de desequilibrio de poder es particularmente insidioso porque puede erosionar la confianza y el respeto mutuo que son esenciales para una relación saludable.

En el caso de Ana, esta dinámica ha conducido a sentimientos de frustración y resentimiento, emociones que, si no se abordan, pueden convertirse en un obstáculo significativo para la comunicación abierta y honesta. El resentimiento, en particular, es una emoción corrosiva que puede manifestarse en comportamientos pasivos-agresivos, distanciamiento emocional y una creciente desconexión entre los miembros de la pareja.

Para abordar este desequilibrio, sería crucial que Pedro reconozca la importancia de la equidad en la toma de decisiones dentro de la relación. Involucrar a Ana en las decisiones financieras no solo es un acto de respeto hacia ella, sino también un reconocimiento de que ambos, como pareja, tienen el derecho y la responsabilidad de participar en los aspectos fundamentales de su vida en común. Este cambio no solo restauraría el equilibrio de poder, sino que también podría fortalecer el vínculo entre ambos, fomentando un sentido de colaboración y asociación genuina.

En resumen, la situación de Ana y Pedro ilustra cómo la distribución desigual de poder en la toma de decisiones puede llevar a la erosión del respeto y la confianza en una relación. Para prevenir que este desequilibrio se profundice, es esencial que ambos miembros de la pareja trabajen activamente en la construcción de una dinámica más equitativa, donde las opiniones y contribuciones de cada uno sean valoradas y respetadas en igual medida.

La confianza es uno de los pilares fundamentales para el bienestar emocional y la estabilidad en cualquier relación. Su presencia ayuda a crear un ambiente de seguridad, respeto y reciprocidad, donde ambas partes pueden abrirse emocionalmente sin temor a ser juzgadas o traicionadas. Sin embargo, cuando se rompe esta confianza —sea a través de mentiras, infidelidades u otras formas de traición—, la estructura emocional de la relación se ve gravemente afectada, generando un desequilibrio que puede desencadenar sentimientos de inseguridad, resentimiento y desconfianza.

La restauración de la confianza rota no es un proceso simple ni rápido; requiere tiempo, compromiso y, en muchos casos, la intervención de un profesional que pueda guiar a la pareja en el proceso de reconstrucción emocional. Este proceso demanda que ambas partes estén dispuestas a confrontar las heridas causadas, a asumir responsabilidades por sus acciones y a trabajar activamente en la reconstrucción de una base sólida y honesta. La vulnerabilidad, la transparencia y la comunicación efectiva son esenciales para reestablecer esa conexión que se ha perdido.

No todas las relaciones sobreviven a una ruptura de confianza, y muchas parejas se encuentran en una encrucijada al intentar discernir si el vínculo puede ser reparado o si es más saludable tomar caminos separados. Sin embargo, para aquellas que eligen seguir adelante juntas, el proceso de sanación puede fortalecer aún más su relación, siempre que exista una voluntad genuina de crecimiento mutuo y de compromiso con la transformación personal.

Ejemplo práctico

Carlos descubre que su pareja, Laura, ha estado intercambiando mensajes con un antiguo amor. Aunque Laura asegura que la interacción fue inocente y sin intenciones ocultas, Carlos experimenta un profundo sentido de traición. Esta revelación impacta su seguridad emocional, y la percepción de la relación cambia radicalmente. A pesar de los intentos de Laura por aclarar la situación, Carlos comienza a desarrollar patrones de desconfianza, donde cada acción de Laura se convierte en motivo de sospecha. Su inseguridad se intensifica hasta el punto de revisar constantemente el teléfono de Laura, en busca de pruebas que respalden sus miedos.

Este ciclo de desconfianza, alimentado por la inseguridad emocional de Carlos y su incapacidad para restablecer la confianza en la relación, deriva en un ambiente de tensión constante. La relación se transforma en un campo de batalla emocional, donde la comunicación se torna conflictiva, predominando las acusaciones y la vigilancia. La creciente necesidad de control y verificación perpetúa un círculo vicioso de desconfianza, afectando no solo la intimidad de la pareja, sino también su bienestar psicológico. Este tipo de dinámicas pueden erosionar gradualmente los cimientos de la relación, haciendo cada vez más difícil la reconstrucción de la confianza y la restauración de una comunicación saludable.

A nivel psicológico, esta situación revela la complejidad de las respuestas emocionales ante la percepción de traición. La incertidumbre que Carlos experimenta es un reflejo de sus propios temores y heridas emocionales no resueltas, que encuentran una expresión reactiva en su necesidad de control. La situación se agrava cuando la ansiedad y la paranoia sustituyen el diálogo abierto y la comprensión mutua, convirtiéndose en factores destructivos para la estabilidad relacional.

4. Expectativas No Cumplidas

En cualquier relación de pareja, es natural que ambos individuos entren con un conjunto de expectativas, muchas veces moldeadas por experiencias pasadas, valores personales, y visiones idealizadas de lo que debería ser una relación. Estas expectativas, aunque a veces son explícitas, con frecuencia son implícitas o inconscientes, lo que dificulta su reconocimiento y manejo adecuado.

Cuando las expectativas no se cumplen, se abre la puerta a la decepción, un sentimiento que puede erosionar lentamente la satisfacción en la relación. La decepción no siempre se manifiesta de inmediato, sino que tiende a acumularse, generando un caldo de cultivo para la frustración y el resentimiento. Este desajuste entre lo esperado y lo recibido puede derivar en conflictos recurrentes que, si no se abordan, pueden dañar de manera profunda la dinámica de la pareja.

Las expectativas no cumplidas abarcan diversas áreas fundamentales de la relación. Pueden estar relacionadas con el nivel de compromiso mutuo, la distribución equitativa de responsabilidades domésticas, las dinámicas en la toma de decisiones, o incluso el apoyo emocional esperado. Los miembros de la pareja asumen que ciertos comportamientos, como la demostración de afecto o el manejo de las finanzas, deberían darse de manera natural y sin necesidad de discusión. Esta falta de comunicación clara sobre expectativas lleva a interpretaciones erróneas y sentimientos de insatisfacción.

Un enfoque proactivo en el reconocimiento y ajuste de expectativas es crucial para la longevidad de la relación. Las parejas que pueden identificar y comunicar sus expectativas de manera abierta y honesta tienen una mayor probabilidad de alcanzar un entendimiento mutuo. Además, la flexibilidad para ajustar esas expectativas en función de las realidades cambiantes de la vida diaria se convierte en una herramienta indispensable para mantener una relación sana y equilibrada.

Ejemplo práctico

En el caso de Luis y Paula, surge un conflicto profundo debido a expectativas no discutidas y malentendidos sobre el rol de cada uno en la familia. Luis, partiendo de sus propios valores y creencias, esperaba que Paula abandonara su carrera profesional para dedicarse por completo al cuidado del hogar y de los hijos. Por otro lado, Paula, desde el inicio, mantuvo la firme convicción de continuar desarrollándose en su carrera profesional, aun después de tener hijos.

Este desacuerdo, al no ser abordado oportunamente antes del matrimonio, revela la importancia de la comunicación clara y profunda en la relación de pareja, particularmente en cuanto a aspectos fundamentales como la familia, la carrera y las responsabilidades compartidas. El nacimiento de su primer hijo actúa como un detonante que expone las diferencias no resueltas

25

entre sus visiones de vida.

Luis percibe que Paula no está priorizando el bienestar familiar, lo que genera en él una sensación de decepción y falta de apoyo en sus expectativas. Al mismo tiempo, Paula se siente incomprendida y desvalorizada en su aspiración de continuar con su desarrollo profesional, lo que a su vez crea en ella una frustración que mina la relación.

Este ejemplo práctico refleja cómo las dinámicas familiares pueden verse profundamente afectadas por la falta de diálogo y la ausencia de acuerdos explícitos sobre expectativas fundamentales. Además, subraya la necesidad de un enfoque terapéutico que promueva la reconciliación de estos intereses y que permita a ambas partes encontrar un equilibrio entre sus deseos individuales y las necesidades del sistema familiar en su conjunto. La falta de consenso sobre el rol de género, las expectativas parentales y el desarrollo profesional puede crear bloqueos emocionales y psicológicos que, si no se abordan, pueden escalar en tensiones más profundas dentro de la pareja.

La intervención terapéutica en estos casos debería centrarse en abrir espacios de diálogo honesto y respetuoso, en el que ambos puedan explorar sus valores personales, identificar las creencias subyacentes que alimentan sus frustraciones, y trabajar hacia una solución que respete tanto las necesidades familiares como las individuales.

5. Influencia de Patrones Familiares Heredados

Los patrones familiares heredados juegan un rol fundamental en la dinámica de las relaciones de pareja, influyendo profundamente en la manera en que las personas interactúan, resuelven conflictos y asumen sus roles dentro de la relación. Estos patrones, que incluyen no solo conductas aprendidas, sino también creencias y expectativas inconscientes, se desarrollan a lo largo de generaciones y se arraigan en el individuo durante su formación en la familia de origen.

Entre los aspectos más significativos están las formas de comunicación, el manejo de las emociones y los conflictos, las expectativas sobre los roles de género y las normas implícitas sobre afecto, intimidad y poder. Estos comportamientos, muchas veces automatizados y no cuestionados, pueden generar dinámicas disfuncionales si no se reconocen a tiempo. Al no estar conscientes de su origen, las personas tienden a replicar estas pautas, perpetuando ciclos de malentendidos, desequilibrio y conflicto que afectan la estabilidad y armonía de la relación.

El impacto de estos patrones heredados no se limita a comportamientos visibles, sino que también engloba las emociones no resueltas y los traumas familiares no procesados, que se manifiestan de manera sutil en la vida de pareja. Es decir, los conflictos no resueltos entre generaciones anteriores pueden influir inconscientemente en las expectativas y respuestas emocionales de los individuos, creando una tendencia a repetir, de manera involuntaria, problemas similares en las relaciones actuales.

Comprender y cuestionar estos patrones es esencial para romper ciclos disfuncionales y abrir paso a relaciones más equilibradas y conscientes. Es a través de este proceso de autoexploración, muchas veces guiado por terapia familiar o de pareja, que se puede construir una nueva dinámica, basada en una comunicación efectiva, respeto mutuo y una mayor comprensión emocional, libres de las cargas del pasado familiar.

Ejemplo práctico

Andrés creció en un entorno familiar donde los conflictos se manejaban a través de gritos y reproches, un patrón que internalizó desde temprana edad. A pesar del amor genuino que siente por su esposa Marta, Andrés repite estas reacciones automáticas cuando enfrenta desacuerdos, reflejando inconscientemente el modelo de resolución de conflictos que vivió en su hogar. Marta, en contraste, viene de una familia donde el conflicto era evitado de manera sistemática, y cualquier confrontación era vista como una amenaza. Esta experiencia la ha dejado con una profunda ansiedad ante situaciones de tensión, por lo que reacciona con miedo y retraimiento cada vez que Andrés levanta la voz.

La interacción entre estos dos patrones opuestos genera una dinámica disfuncional que perpetúa el ciclo de conflicto. Andrés, al no ser consciente del origen de su comportamiento, interpreta la respuesta de Marta como un rechazo, lo que intensifica su frustración y eleva el tono de sus reacciones. Marta, por su parte, se siente cada vez más insegura y alejada, ya que la intensidad emocional de Andrés activa su temor al conflicto, llevándola a un estado de mayor pasividad o huida emocional.

La falta de consciencia sobre estos patrones heredados —que han sido transmitidos intergeneracionalmente sin cuestionamiento— impide que ambos puedan romper este ciclo destructivo. Andrés y Marta no solo están lidiando con sus diferencias actuales, sino también con el peso emocional no resuelto de sus familias de origen. Al no reconocer estas influencias subyacentes, están atrapados en una repetición inconsciente que debilita su relación y aumenta la distancia emocional entre ellos.

Un enfoque terapéutico adecuado, como las Constelaciones Familiares, podría ayudar a ambos a tomar consciencia de los patrones que han heredado y brindarles la oportunidad de liberarse de estos, permitiéndoles construir una nueva forma de comunicarse basada en la comprensión mutua y el respeto a sus diferentes formas de abordar el conflicto.

El equilibrio en una pareja es un delicado baile que requiere comunicación, respeto mutuo y consciencia de los patrones que influencian la relación. Al reconocer y abordar los factores que pueden llevar a la pérdida de este equilibrio, las parejas tienen la oportunidad de fortalecer su vínculo y construir una relación más sólida y saludable.

RECUPERAR EL EQUILIBRIO

Restablecer el equilibrio en las relaciones interpersonales es un proceso profundo que exige tanto la toma de conciencia como la implementación de acciones deliberadas y transformadoras. En el ámbito de las constelaciones familiares, este proceso puede involucrar rituales simbólicos de reconocimiento, gratitud y respeto hacia los sistemas familiares. A través de estos actos, los individuos tienen la oportunidad de liberar cargas emocionales y energéticas que no les corresponden, devolviendo así el orden y permitiendo una sanación a nivel sistémico. Estos actos no son meros gestos simbólicos, sino intervenciones profundamente significativas que permiten restaurar la integridad del sistema familiar.

La sanación del dolor en las relaciones, especialmente en el contexto familiar o de pareja, es un camino que requiere tiempo, paciencia y, sobre todo, una apertura emocional que permita el flujo de las emociones reprimidas. Este proceso conlleva la necesidad de sentir y expresar emociones de forma saludable, así como la capacidad de reconectar con sentimientos fundamentales como el amor, la compasión y el respeto mutuo. Es vital crear y reforzar nuevos patrones de interacción basados en el equilibrio y la reciprocidad emocional, ya que estos patrones son los que sostendrán la relación a largo plazo, permitiendo una convivencia más armónica y enriquecedora.

En el contexto de las relaciones de pareja, recuperar el equilibrio va más allá de la simple resolución de conflictos. Requiere una introspección profunda y el establecimiento de una comunicación abierta, honesta y auténtica. Este tipo de comunicación no solo ayuda a resolver desacuerdos, sino que también fortalece los lazos emocionales, promoviendo una mayor comprensión mutua. Además, es esencial un compromiso genuino por parte de ambos miembros de la pareja para trabajar en conjunto hacia un equilibrio emocional duradero. Las constelaciones familiares, en este sentido, ofrecen una herramienta invaluable al permitir a las parejas explorar las raíces inconscientes de los desequilibrios y sanar desde el origen, creando una base sólida para la reconstrucción y el fortalecimiento de la relación.

Los desequilibrios en una relación no deben interpretarse como fracasos, sino como oportunidades para el crecimiento personal y compartido. A través del enfoque sistémico que ofrecen las constelaciones familiares, es posible desentrañar las dinámicas ocultas que subyacen a los conflictos, ofreciendo una perspectiva más amplia y compasiva. Esta visión permite no solo la resolución del problema inmediato, sino también la integración de nuevas formas de interacción que nutran el desarrollo continuo de la relación.

1. Comprender el origen del desequilibrio

El Restaurar el equilibrio en una relación requiere, en primer lugar, una comprensión profunda de los factores que originan los conflictos. En muchas ocasiones, los desacuerdos actuales no son más que manifestaciones superficiales de dinámicas emocionales más complejas y profundamente arraigadas. Estas tensiones pueden derivarse de patrones inconscientes aprendidos en la infancia o de heridas emocionales no resueltas, que continúan moldeando las interacciones de los individuos en su vida adulta. Las Constelaciones Familiares aportan una valiosa perspectiva al sugerir que los conflictos no solo tienen su origen en problemas contemporáneos, sino también en influencias transgeneracionales y dinámicas familiares inconscientes. Estas fuerzas ocultas, que operan fuera de la conciencia inmediata, afectan la manera en que las personas se relacionan y enfrentan las dificultades.

Tomemos como ejemplo a Laura y Diego, una pareja en constante desacuerdo respecto a la toma de decisiones. Diego adopta una postura dominante, mientras que Laura tiende a evitar la confrontación, sometiéndose a las decisiones de su pareja. Si se observa más de cerca, este desequilibrio puede ser el reflejo de patrones familiares profundos de poder y control que ambos han interiorizado. Diego, criado en un entorno familiar donde la autoridad era incuestionable, ha internalizado ese modelo y lo reproduce en sus relaciones de manera automática. Por otro lado, Laura, proveniente de un hogar en el que las emociones eran reprimidas y los conflictos evitados, ha aprendido a esquivar cualquier enfrentamiento para mantener la paz. Estos comportamientos, aunque funcionales en el contexto familiar original, generan desequilibrio en la relación actual.

Comprender estos patrones no solo permite a Laura y Diego reconocer las causas subyacentes de sus conflictos, sino que también les brinda una oportunidad para transformarlos. Al identificar el origen sistémico de su comportamiento, ambos pueden empezar a tomar decisiones conscientes que les permitan romper con estos ciclos heredados. El trabajo terapéutico en este contexto no consiste únicamente en abordar los problemas presentes, sino en liberar a los individuos de las dinámicas invisibles que han condicionado su forma de relacionarse. Así, el proceso de sanación no se limita a la pareja, sino que trasciende a través de generaciones, transformando las dinámicas familiares para las futuras.

2. Fortalecer la comunicación emocional

Fortalecer la comunicación emocional es un pilar fundamental para restaurar y mantener el equilibrio en una relación. Este tipo de comunicación va más allá de simplemente intercambiar palabras o discutir los aspectos superficiales de la relación; implica la expresión honesta y profunda de sentimientos, emociones y necesidades, con el propósito de crear un espacio seguro y respetuoso donde ambos miembros puedan ser vulnerables sin temor a juicio o rechazo. La comunicación emocional eficaz no se limita a compartir lo que ocurre en la dinámica relacional, sino que se enfoca en el reconocimiento mutuo de los deseos, temores y expectativas que subyacen en cada interacción.

Con frecuencia, las parejas se ven atrapadas en patrones comunicativos disfuncionales que perpetúan el desequilibrio. Un miembro puede optar por suprimir sus emociones para evitar confrontaciones, mientras el otro puede interpretar esta falta de expresión como desapego o indiferencia, generando frustración y aumentando la desconexión emocional. Este ciclo de evasión y malentendidos debilita el vínculo afectivo y erosiona la confianza mutua, creando un ambiente donde las necesidades emocionales no son satisfechas.

Una herramienta eficaz para interrumpir estos patrones es la "escucha activa". En esta práctica, cada persona se turna para hablar durante un tiempo determinado, mientras su pareja escucha sin interrumpir ni juzgar. Este tipo de escucha implica no solo prestar atención a las palabras, sino también a los matices emocionales que las acompañan. El oyente puede parafrasear o resumir lo que ha escuchado, validando así la experiencia del otro y confirmando que ha comprendido correctamente su mensaje. Esta técnica facilita la empatía y la conexión emocional, ya que ambos miembros de la pareja se sienten escuchados y valorados.

Al implementar la escucha activa de manera regular, las parejas pueden evitar la acumulación de resentimientos y malentendidos que, de no ser abordados, suelen derivar en conflictos mayores. Además, este enfoque no solo fortalece la comunicación, sino que también promueve un ambiente de confianza donde ambos miembros se sienten seguros de compartir incluso las emociones más complejas o difíciles. A largo plazo, la mejora en la comunicación emocional contribuye a una relación más equilibrada, donde el respeto, la empatía y la comprensión mutua son fundamentales para el bienestar de ambos.

3. Recuperar el equilibrio entre dar y recibir

En toda relación, especialmente en el ámbito de pareja, el equilibrio entre dar y recibir es fundamental para sostener una conexión armoniosa y saludable. Las Constelaciones Familiares subrayan este principio como uno de los pilares para la estabilidad emocional y la evolución conjunta. Cuando uno de los miembros da más de lo que recibe, ya sea en términos de afecto, apoyo emocional, tiempo o recursos, la relación tiende a desestabilizarse. Este desequilibrio no solo desgasta al que da en exceso, sino que también puede generar culpa o un sentimiento de deuda en el que recibe sin reciprocidad adecuada, lo que eventualmente afecta la dinámica global de la pareja.

El agotamiento emocional, físico o mental que surge en estas situaciones es una señal clara de que es necesario restablecer el equilibrio. La falta de este ajuste puede resultar en la acumulación de resentimiento, frustración y una sensación de carga desproporcionada, que puede erosionar la base de la relación con el tiempo. Por otro lado, el receptor que no devuelve en la misma medida puede sentirse desconectado o incluso culpable, lo que también impacta negativamente en la calidad del vínculo.

Recuperar el equilibrio en estas circunstancias implica una profunda revisión de la dinámica relacional, en la que ambos miembros deben estar dispuestos a cuestionar si están respetando este flujo natural de dar y recibir. Este proceso requiere no solo comunicación efectiva, sino también una apertura emocional para reconocer las necesidades y límites del otro.

Un ejemplo ilustrativo de este proceso es el caso de Ana y Pedro. Ana, quien se encargaba casi exclusivamente del hogar y de los hijos, comenzó a sentir un agotamiento creciente. Mientras tanto, Pedro, que contribuía económicamente, no comprendía el origen de la tensión en su relación, ya que no veía su participación en los asuntos domésticos como parte del equilibrio. Sin embargo, la sobrecarga de Ana, tanto física como emocional, acabó por manifestarse en frustración y una creciente distancia entre ambos. Al reconocer la necesidad de abordar esta situación, decidieron sentarse y conversar abiertamente sobre sus sentimientos y expectativas. A través de este diálogo sincero, fueron capaces de reorganizar sus responsabilidades de manera más equitativa, lo que permitió no solo una mayor cooperación en las tareas diarias, sino también una reconexión emocional más profunda.

Este ejemplo pone de relieve que la solución al desequilibrio no solo reside en la redistribución de tareas o recursos, sino en la disposición de ambos a reconocerse mutuamente como iguales en valor y en aportes. Solo a través de una corresponsabilidad compartida es posible generar un espacio de crecimiento mutuo, donde el dar y recibir fluyan en armonía, fortaleciendo el vínculo en el largo plazo.

.

4. Trabajar en el crecimiento individual y compartido

El equilibrio en una relación refleja el estado interno de quienes la conforman. Las tensiones y conflictos suelen ser manifestaciones externas de heridas emocionales, inseguridades o miedos no resueltos. Por esta razón, es crucial que cada miembro de la pareja asuma la responsabilidad de su propio desarrollo personal. Esto implica un compromiso activo con la introspección, el autocuidado y la sanación de los aspectos emocionales que afectan no solo su bienestar personal, sino también la dinámica de la relación.

El crecimiento individual fortalece la relación al permitir que ambos miembros se presenten desde un lugar de mayor seguridad y autonomía emocional. En lugar de buscar validación externa o depender emocionalmente del otro, cada persona puede aportar desde un estado de plenitud. Este enfoque minimiza la tendencia a generar dinámicas de dependencia o codependencia, que suelen erosionar las relaciones a largo plazo.

Las herramientas para este trabajo individual pueden variar desde la terapia psicológica, el coaching de vida o las prácticas de desarrollo espiritual como la meditación y la auto-reflexión. Estas prácticas permiten a cada individuo explorar sus patrones emocionales, identificar las áreas de su vida que requieren atención y sanación, y adquirir mayor conciencia sobre cómo sus emociones y comportamientos impactan la relación. Al trabajar en sus propios desafíos, cada persona contribuye a crear un espacio relacional más equilibrado, donde ambos puedan crecer conjuntamente desde la solidez de su propio bienestar.

Una relación verdaderamente equilibrada no es aquella donde los problemas se eliminan por completo, sino aquella donde los desafíos se abordan con una perspectiva madura y consciente, reconociendo que el bienestar de la pareja está intrínsecamente ligado al bienestar de sus integrantes.

5. Reevaluar las expectativas y los acuerdos

El equilibrio en una relación de pareja exige una revisión constante y consciente de las expectativas y acuerdos previamente establecidos. Las relaciones dinámicas se caracterizan por el cambio y la evolución de las necesidades, deseos y circunstancias de cada uno de sus miembros. En este contexto, muchos de los conflictos surgen cuando las expectativas no están alineadas o cuando los acuerdos, inicialmente válidos, dejan de ajustarse a la realidad actual de la pareja.

Es fundamental que exista un espacio de diálogo abierto y honesto donde ambos miembros puedan expresar con claridad sus expectativas sobre la relación, tanto a nivel emocional como práctico. Este ejercicio debe realizarse de manera periódica para evitar que malentendidos o supuestos no comunicados generen fricciones o resentimientos. Además, revisar los acuerdos permite que la relación siga siendo un espacio de crecimiento mutuo, en el que ambos se sientan comprendidos y respetados.

Por ejemplo, si uno de los miembros expresa una necesidad creciente de independencia en ciertos aspectos de su vida —como en la toma de decisiones profesionales o en el manejo del tiempo personal— y la otra parte manifiesta inseguridad frente a esta situación, es indispensable abordar el tema desde una perspectiva comprensiva. En lugar de evitar el conflicto o imponer soluciones unilaterales, el objetivo del diálogo debe ser encontrar un nuevo acuerdo que no solo equilibre las necesidades de independencia y seguridad, sino que también refuerce la confianza mutua y fomente un crecimiento compartido.

Así, la clave del éxito en el mantenimiento del equilibrio radica en la capacidad de adaptación, el respeto a la individualidad de cada miembro y el compromiso con la evolución conjunta. Los acuerdos no deben verse como rígidos, sino como un marco flexible que permite que la relación se desarrolle de forma saludable, donde ambos se sientan plenos y alineados en sus expectativas actuales.

Recuperar el equilibrio en una relación de pareja es un proceso dinámico que requiere esfuerzo y consciencia de ambas partes. Se trata de identificar los patrones subyacentes que generan el conflicto, mejorar la comunicación emocional, fomentar el equilibrio entre dar y recibir, y promover tanto el crecimiento personal como el compartido. Las parejas que se comprometen a trabajar en estos aspectos no solo logran superar los desequilibrios, sino que también desarrollan una relación más profunda, armónica y resiliente.

EL INCONSCIENTE Y LA ELECCIÓN DE PAREJA

Las relaciones de pareja son uno de los aspectos más significativos y complejos de nuestras vidas. En las constelaciones familiares, se exploran las dinámicas ocultas y los patrones inconscientes que pueden influir en la elección de pareja, la calidad de la relación y los desafíos que enfrentamos en este ámbito. Estos elementos incluyen expectativas, patrones de comportamiento, lealtades invisibles, y creencias limitantes transmitidas a través de generaciones.

Las expectativas juegan un papel importante en las relaciones de pareja. Llevamos con nosotros expectativas conscientes e inconscientes sobre cómo debería ser una relación, basadas en nuestras experiencias familiares y culturales. Estas pueden influir en nuestra elección de pareja y en cómo nos comportamos dentro de la relación. Por ejemplo, alguien que creció en un hogar donde se valoraba mucho la estabilidad financiera podría buscar una pareja que ofrezca seguridad económica, a veces sin considerar otros aspectos importantes de la compatibilidad.

Los patrones de comportamiento son repetitivos e inconscientes, moldeados por nuestras experiencias de vida tempranas. En las constelaciones, estos patrones pueden manifestarse como repeticiones de dinámicas familiares en nuestras propias relaciones de pareja. Por ejemplo, si uno de los padres fue dominante, es posible que una persona busque una pareja dominante o, por el contrario, se convierta en el dominante en su relación para equilibrar una dinámica interior.

Las lealtades invisibles son compromisos inconscientes que hacemos con nuestra familia de origen, para pertenecer o mostrar amor y lealtad. Estas pueden llevarnos a repetir historias familiares, como eligiendo parejas que perpetúan dinámicas familiares dolorosos o renunciando a la felicidad en el amor para "honrar" a un miembro de la familia que sufrió en sus relaciones.

La elección de pareja no siempre es tan consciente como creemos. Las sesiones revelan que muchos de los factores que influyen en esta elección están profundamente arraigados en nuestro inconsciente, moldeados por las historias y experiencias de nuestras generaciones anteriores. Estos factores incluyen:

1. REPETICIÓN DE PATRONES NEGATIVOS

La repetición de patrones negativos es común en las relaciones de pareja. Sin darnos cuenta, buscamos recrear situaciones que nos son familiares, incluso si no son saludables. Esto puede incluir elegir parejas que nos traten de manera similar a como nos trataron nuestros padres o buscar relaciones que nos hagan sentir de la misma manera que nos sentíamos en nuestra familia de origen, aunque sea doloroso o insatisfactorio. Esta puede ser una forma inconsciente de intentar resolver conflictos no resueltos del pasado.

Los patrones pueden manifestarse como una repetición de dinámicas negativas, como la codependencia, la falta de comunicación, o la elección de parejas que repiten roles familiares disfuncionales. Por ejemplo, una persona que creció en un hogar donde uno de los padres era emocionalmente distante, puede encontrar familiar y, por lo tanto, inconscientemente atractiva a una pareja que también es emocionalmente inaccesible.

Este patrón puede perpetuar el dolor y la insatisfacción en las relaciones, ya que se sigue buscando resolver viejos conflictos a través de nuevas relaciones. Las personas no son conscientes de que están repitiendo estos patrones y pueden sentir que simplemente "tienen mala suerte" en el amor o que "todas sus relaciones son iguales".

Las constelaciones familiares identifican estos patrones al explorar la dinámica de origen y cómo estas experiencias influyen en las elecciones y comportamientos actuales. Al hacer visible lo invisible, las constelaciones permiten a las personas tomar conciencia de sus patrones repetitivos y comenzar a tomar decisiones más conscientes y saludables en sus relaciones.

La clave para romper estos ciclos es reconocer y entender el origen de estos patrones, y luego trabajar para sanarlos. Esto puede implicar perdonar a los padres o familiares por heridas pasadas, liberar expectativas no realistas, o aprender a establecer límites saludables. Con esta nueva comprensión, las personas pueden comenzar a construir relaciones más sanas y satisfactorias, libres de la repetición de antiguos patrones negativos.

2. INFLUENCIA DE PROGENITORES EN LA ELECCIÓN DE PAREJA

Los progenitores tienen una influencia significativa en nuestra elección de pareja, ya sea a través de su ejemplo directo o de las expectativas y mensajes que nos transmiten. Por ejemplo, si uno de los padres tenía una visión negativa del matrimonio, es posible que esto influya en nuestra propia percepción y elecciones en el amor. Del mismo modo, las expectativas explícitas o implícitas de los padres sobre el tipo de pareja "adecuada" pueden llevarnos a buscar o evitar ciertos tipos de personas.

La influencia de los progenitores en la elección de pareja es un aspecto fundamental en las dinámicas de las relaciones amorosas. Sin ser conscientes de ello, buscamos en nuestras parejas características que reflejan o contrarrestan las cualidades de nuestros padres. Este fenómeno se debe a que nuestras primeras experiencias emocionales y relacionales están profundamente moldeadas por nuestros padres, quienes actúan como modelos de comportamiento y relación.

Por ejemplo, si un progenitor tenía una actitud negativa hacia el matrimonio o mostraba desconfianza hacia el sexo opuesto, estas percepciones pueden influir en nuestra visión del amor y en las expectativas que tenemos hacia una pareja. Esta influencia puede llevarnos a desconfiar de las relaciones, a evitarlas o, por el contrario, a idealizarlas en busca de un ideal que compense las carencias percibidas en nuestra familia de origen.

Las expectativas explícitas o implícitas de los padres también juegan un papel crucial. Pueden surgir de comentarios directos sobre el tipo de persona "adecuada" para nosotros o a través de actitudes que valoran ciertas cualidades, como el éxito económico o el estatus social. Estas expectativas pueden llevarnos a elegir parejas que encajen en el molde aprobado por nuestros padres, incluso si no coinciden con nuestros verdaderos deseos o necesidades emocionales.

En las constelaciones familiares, se explora cómo estas influencias parentales afectan nuestras elecciones de pareja y cómo pueden perpetuar patrones de relación disfuncionales. Por ejemplo, alguien puede sentirse atraído por parejas que exhiben rasgos similares a los de un progenitor, lo que puede ser una forma de intentar sanar o resolver una relación no resuelta con ese padre. O, en el caso contrario, pueden elegir parejas que son opuestas a sus padres, en un esfuerzo por escapar de lo que percibieron como aspectos negativos de su crianza.

Reconocer estas influencias es un paso importante para liberarse de ellas y hacer elecciones más conscientes y alineadas con nuestros verdaderos valores y necesidades. Al hacerlo, podemos empezar a construir relaciones más auténticas y satisfactorias, basadas en una comprensión más profunda de nosotros mismos y de nuestras motivaciones inconscientes.

3. MENSAJES Y CREENCIAS TRANSMITIDAS EN EL ÁRBOL GENEALÓGICO

A través de las generaciones, se transmiten mensajes y creencias que pueden influir profundamente en nuestras elecciones de pareja y en cómo nos comportamos en las relaciones. Estos pueden incluir creencias sobre el amor, el compromiso, la fidelidad, y los roles de género. Por ejemplo, una familia con una historia de matrimonios infelices puede transmitir la creencia de que "el matrimonio es difícil" o "el amor verdadero no existe", lo cual puede afectar negativamente nuestra disposición para abrirnos al amor.

Los mensajes y creencias transmitidos a través del árbol genealógico pueden tener un impacto significativo en nuestras relaciones de pareja y en nuestra visión del amor. Estos mensajes, muchas veces no expresados de forma explícita, se filtran a través de las generaciones y se convierten en verdades implícitas que guían nuestro comportamiento y expectativas.

Por ejemplo, en una familia donde hubo una serie de matrimonios infelices o disfuncionales, es común que se perpetúe la creencia de que "el matrimonio es difícil" o "el amor verdadero no existe". Estas creencias pueden moldear nuestra percepción de las relaciones y limitar nuestra capacidad de experimentar una conexión genuina y amorosa con otra persona. Podemos entrar en relaciones con la expectativa de fracaso, lo que puede crear un ciclo de autosabotaje y confirmar las creencias negativas que hemos heredado.

Asimismo, los roles de género y las expectativas relacionadas también pueden ser transmitidos a través del árbol genealógico. En familias donde tradicionalmente se han mantenido roles de género estrictos, puede haber una presión para conformarse con esas expectativas, lo que puede limitar la expresión auténtica de uno mismo en una relación. Por ejemplo, si una familia tiene la creencia de que "los hombres deben ser proveedores" y "las mujeres deben cuidar del hogar", estas ideas pueden influir en cómo las personas eligen a sus parejas y en cómo se comportan dentro de la relación.

Otro aspecto es la fidelidad y el compromiso. Las experiencias de infidelidad o divorcio en generaciones anteriores pueden llevar a la transmisión de mensajes como "no se puede confiar en nadie" o "todos engañan", lo cual puede generar desconfianza y dificultad para comprometerse en relaciones futuras.

En el contexto de las constelaciones familiares, se trabaja para identificar y liberar estos mensajes y creencias heredadas que no nos sirven. Al hacerlo, podemos abrirnos a nuevas formas de pensar y actuar, que estén más alineadas con nuestros deseos y necesidades auténticas. Esto nos permite construir relaciones más saludables y satisfactorias, basadas en nuestras propias experiencias y elecciones, en lugar de ser prisioneros de un legado familiar inconsciente.

4. CREENCIAS LIMITANTES TRANSGENERACIONALES

Las creencias limitantes transgeneracionales son aquellas que se transmiten de generación en generación y que pueden actuar como barreras invisibles, limitando nuestro potencial y bienestar en las relaciones. Estas creencias no solo afectan nuestras decisiones y comportamientos, sino que también moldean nuestra percepción de nosotros mismos y de lo que es posible en el ámbito de las relaciones interpersonales.

Por ejemplo, una abuela que vivió en una época o contexto donde se esperaba que "las mujeres debían soportar en silencio" cualquier dificultad en el matrimonio, puede haber interiorizado esta creencia como una norma de vida. Si esta creencia no se cuestiona o se desafía, puede ser transmitida a las siguientes generaciones, llevando a las mujeres de la familia a aceptar comportamientos o situaciones que no son saludables, creyendo que es su deber soportar en silencio.

Estas creencias limitantes pueden abarcar una variedad de temas, incluyendo la valía personal, la capacidad de amar y ser amado, y lo que uno merece en una pareja. Por ejemplo, si en una familia se ha transmitido la creencia de que "no se puede confiar en los hombres" debido a historias de infidelidad o abandono, esta creencia puede influir en la manera en que las mujeres de la familia se relacionan con los hombres, generando desconfianza y dificultad para establecer relaciones de pareja saludables.

Otro ejemplo podría ser una creencia limitante sobre el amor, como "el amor siempre duele" o "el amor verdadero no existe". Estas creencias pueden llevar a patrones de autoboicot en las relaciones, donde se busca inconscientemente confirmar estas ideas a través de experiencias dolorosas o relaciones disfuncionales.

En el trabajo con constelaciones familiares, estas creencias limitantes transgeneracionales son identificadas y exploradas para entender su origen y el impacto que han tenido en la vida de los individuos. A través de este proceso, se busca liberar a las personas de estas restricciones, permitiéndoles vivir de acuerdo con sus propios valores y deseos, en lugar de seguir repitiendo patrones heredados. Este trabajo puede abrir la puerta a una mayor libertad emocional, mejores elecciones en las relaciones y una vida más plena y satisfactoria.

Las constelaciones familiares nos ofrecen una visión profunda de cómo nuestras elecciones de pareja y las dinámicas dentro de nuestras relaciones están influenciadas por factores inconscientes, patrones familiares y creencias limitantes. Al traer estos elementos a la luz, podemos liberarnos de patrones destructivos, sanar heridas transgeneracionales y crear relaciones más saludables y conscientes.
El trabajo en las constelaciones familiares no solo beneficia a las parejas actuales, sino que también ofrece una oportunidad para sanar y transformar las dinámicas familiares para las generaciones futuras.

EL SISTEMA FAMILIAR DE TU PAREJA

El proceso de constelar, no solo se centra en nuestras propias dinámicas familiares, sino que también considera el sistema familiar de nuestra pareja, un factor importante en la construcción de una relación armoniosa y equilibrada.

Cada individuo trae consigo un bagaje único de su sistema familiar de origen, que incluye historias, creencias, patrones de comportamiento y lealtades invisibles. Cuando dos personas se unen en una relación, estos sistemas familiares interactúan y, a veces, chocan. Es fundamental comprender y respetar el sistema familiar de nuestra pareja, ya que sus experiencias y dinámicas familiares pueden influir en sus valores, expectativas y comportamientos.

Por ejemplo, si uno de los miembros de la pareja proviene de una familia donde el afecto se mostraba de manera limitada, podría tener dificultades para expresar sus emociones en la relación. Por otro lado, alguien que creció en un entorno donde el conflicto se evitaba a toda costa puede sentirse incómodo o ansioso ante cualquier desacuerdo. Las constelaciones familiares pueden ayudar a identificar estas influencias y a trabajar para equilibrarlas en la relación.

AFINIDAD

La afinidad es un aspecto esencial en cualquier relación, que va más allá de la atracción física o los intereses comunes. Es una conexión profunda que se manifiesta a nivel emocional y espiritual, creando un sentido de comprensión y resonancia entre las personas. En el contexto de las constelaciones familiares, la afinidad puede estar influenciada por patrones y lealtades familiares inconscientes. Por ejemplo, dos personas pueden sentirse atraídas entre sí debido a experiencias familiares similares o complementarias, como haber tenido padres ausentes o haber vivido traumas familiares semejantes.

La afinidad puede ser tanto una bendición como un desafío. Por un lado, compartir experiencias y perspectivas similares puede fortalecer la conexión emocional y fomentar una comprensión mutua. Por otro lado, si la afinidad se basa en patrones familiares no resueltos, como un historial de abuso o negligencia, puede llevar a la pareja a repetir estos patrones en su relación. Esto puede resultar en dinámicas poco saludables que perpetúan el dolor y el conflicto en lugar de sanar.

Las constelaciones familiares pueden ser una herramienta valiosa para explorar y resolver estos temas. A través de este enfoque, es posible identificar las influencias familiares inconscientes que contribuyen a la afinidad y trabajar para liberar estos patrones. Al hacerlo, las parejas pueden desarrollar una relación más consciente y saludable, basada en la elección y el crecimiento personal en lugar de la repetición inconsciente de dinámicas familiares pasadas. Esto les permite crear una conexión que no solo es profunda y significativa, sino también libre de cargas emocionales no resueltas.

LEALTADES, CREENCIAS Y RELIGIÓN

Las lealtades familiares, las creencias y las prácticas religiosas pueden tener un impacto profundo en una relación de pareja. Las lealtades invisibles hacia la familia de origen pueden llevar a una persona a mantener ciertas tradiciones o creencias, de manera inconsciente, que pueden no estar alineadas con su pareja o con sus propias necesidades actuales. Estas lealtades pueden incluir seguir prácticas religiosas específicas, mantener ciertas expectativas culturales, o adherirse a valores familiares tradicionales.

Cuando las creencias o prácticas religiosas de las familias de origen de cada persona en la pareja son diferentes o incluso opuestas, esto puede generar tensiones y conflictos. Por ejemplo, una persona puede sentir la presión de seguir ciertas creencias religiosas por lealtad a su familia, mientras que la otra persona puede tener una perspectiva diferente o incluso ninguna afiliación religiosa. Estas diferencias pueden llevar a malentendidos, resentimientos o conflictos sobre cómo vivir juntos y tomar decisiones importantes, como la educación de los hijos.

En el contexto de las constelaciones familiares, se exploran estas lealtades y creencias para comprender cómo están afectando la dinámica de la relación. El propósito no es necesariamente eliminar estas influencias, sino hacerlas conscientes para que la pareja pueda manejarlas de manera más efectiva. Al reconocer y honrar las raíces familiares y las lealtades asociadas, las parejas pueden encontrar formas de integrar estas influencias en su vida compartida de una manera que respete las necesidades y valores de ambos.

El objetivo final es crear un espacio donde ambas personas se sientan libres para expresar y vivir sus propias creencias y valores, al tiempo que respetan y comprenden las perspectivas del otro. Esto puede fortalecer la relación, permitiendo que se construya sobre una base de respeto mutuo, comprensión y apoyo, en lugar de conflicto y resentimiento.

EJERCICIOS EN CONSTELACIONES FAMILIARES

Los ejercicios en las constelaciones familiares son prácticas que ayudan a los participantes a explorar y sanar las dinámicas familiares y de pareja. Algunos ejercicios comunes incluyen:

1. RECONOCER Y HONRAR EL SISTEMA FAMILIAR DE TU PAREJA

Este ejercicio es fundamental para explorar y respetar las dinámicas familiares que han moldeado la identidad y los valores de cada miembro de la pareja. Implica compartir de manera profunda y consciente las historias familiares, incluyendo tanto tradiciones como creencias, y examinar de qué manera estas experiencias influyen en sus percepciones, decisiones y comportamientos actuales. Este proceso no solo facilita una mayor comprensión mutua, sino que también promueve la integración de estas influencias en la vida compartida de forma armoniosa.

Al reconocer y honrar el sistema familiar del otro, se valida el contexto emocional y cultural en el que se ha formado la pareja, permitiendo que ambos individuos se sientan vistos y comprendidos en su totalidad. Esta práctica no solo favorece la empatía, sino que también abre espacio para una conexión más profunda y respetuosa, reduciendo posibles tensiones que surgen de diferencias familiares no abordadas. Además, contribuye a la construcción de una relación más sólida y equilibrada, donde las raíces de cada uno son valoradas como parte esencial del crecimiento conjunto, reconociendo la importancia del legado familiar en la formación de una identidad común.

Integrar conscientemente estas influencias familiares permite que la pareja no solo cree un sentido compartido de pertenencia, sino también una visión de futuro que respeta el pasado de ambos, transformando posibles desafíos en oportunidades para el crecimiento mutuo y la evolución conjunta de la relación.

EJERCICIO SISTÉMICO DE CONSTELACIONES FAMILIARES: RECONOCER Y HONRAR EL SISTEMA FAMILIAR DE TU PAREJA

Este ejercicio está diseñado para ayudar a las parejas a fortalecer su relación a través del reconocimiento y la honra de los sistemas familiares de ambos. Al conectar con las raíces familiares de tu pareja, puedes entender mejor las dinámicas que influyen en su vida y en la relación, generando un vínculo más profundo y consciente.

Objetivo:

Reconocer y honrar el sistema familiar de tu pareja, aceptando la influencia que su familia tiene en su vida y en la relación. Este ejercicio también facilita el respeto por la historia personal de cada uno, sin intentar cambiarla ni juzgarla.

Preparación:

- Encuentra un espacio tranquilo donde puedas estar presente, sin interrupciones.
- Puedes realizar este ejercicio en pareja o por separado, pero siempre con la intención de conectar profundamente con el sistema familiar de tu pareja.

Paso a Paso:

1. Conexión con el propio sistema

Siéntate en un lugar cómodo y cierra los ojos. Toma unas respiraciones profundas y, al exhalar, imagina que estás conectado con la tierra. Siente el soporte de la tierra bajo ti, dándote estabilidad y sostén.

A medida que te relajas, visualiza a tu familia detrás de ti: padres, abuelos, bisabuelos, y generaciones anteriores, extendiéndose hacia atrás. Siente la energía de su presencia, el apoyo de tu linaje, y observa cómo todos están detrás de ti, mirándote con amor y respeto.

Reflexión: Reconoce que, así como tu pareja tiene su propia historia, tú también vienes de una línea familiar con su propio bagaje de experiencias y desafíos. Acepta que todos los sistemas familiares tienen su propia sabiduría y dinámicas.

2. Visualización del sistema de tu pareja

Ahora, visualiza a tu pareja frente a ti. Imagina que su familia está detrás de él o ella, al igual que visualizaste la tuya. Observa a sus padres, abuelos, y generaciones anteriores, apoyando a tu pareja desde atrás.

Permite que surja una sensación de respeto profundo hacia su sistema familiar, tal como es, con su historia, sus dificultades y sus logros.

Reflexión: Repite mentalmente: *"Reconozco y honro a tu familia tal como es. Agradezco que, gracias a tu linaje, tú estás aquí hoy conmigo. Acepto la influencia de tu familia en nuestra vida, sin juicio."*

3. Intercambio de palabras de honra

Si están realizando el ejercicio juntos, tómense de las manos y miren a los ojos. Uno a uno, expresen en voz alta el siguiente reconocimiento:

"Reconozco y honro a tu familia. Agradezco todo lo que te ha dado, tanto lo fácil como lo difícil. Sin ellos, no estarías aquí hoy."

Alternen el turno para que ambos puedan decir estas palabras a su pareja. Permitan que cualquier emoción que surja sea parte del proceso.

4. Entrega simbólica de responsabilidades

Muchas veces, llevamos cargas de nuestros sistemas familiares que afectan nuestras relaciones. Este paso es una invitación a dejar que cada uno se haga responsable de su propio sistema familiar, liberando a la pareja de expectativas o proyecciones relacionadas con su linaje.

Con los ojos cerrados, visualiza que le entregas a tu pareja una representación simbólica de su sistema familiar, como si le dieras un objeto que simboliza sus raíces, su historia y su legado. Di mentalmente o en voz alta:

"Te devuelvo con amor tu sistema familiar. Eres libre para llevarlo como lo elijas. Yo me quedo con el mío, y juntos construimos algo nuevo, desde el respeto y el amor."

5. Integración

Después de completar el intercambio, tómense un momento para respirar juntos y sentir la energía que ha sido movida. Visualicen cómo cada uno está enraizado en su propio sistema, pero al mismo tiempo compartiendo el presente y construyendo su propia historia.

Reflexión final: Reconoce que, aunque ambos provienen de diferentes sistemas familiares, su unión es un espacio donde ambas historias pueden ser honradas y respetadas.

6. Cierre

Para finalizar el ejercicio, puedes colocar una mano en tu corazón y otra en el corazón de tu pareja, si están juntos. Permanezcan en silencio por unos momentos, simplemente sintiendo la conexión desde un lugar más profundo, sin palabras.

Agradece internamente a los sistemas familiares por todo lo que han aportado y por permitir la existencia de la relación que tienes hoy.

Este ejercicio te permitirá ver a tu pareja no solo como un individuo, sino como parte de un sistema más amplio. Al reconocer y honrar su linaje, puedes liberar tensiones invisibles y fortalecer el vínculo entre ambos, construyendo una relación basada en el respeto mutuo y la aceptación.

---

2. EL EJERCICIO DEL "MOVIMIENTO HACIA" Y "MOVIMIENTO HACIA ATRÁS"

Este ejercicio permite a los participantes experimentar y ajustar la relación simbólica con sus padres o miembros familiares importantes. A través de movimientos físicos o mentales, se exploran las emociones y conexiones con figuras parentales, con el objetivo de sanar rupturas y promover una mayor integración emocional.

Objetivo: Ayudar a los participantes a explorar y ajustar la relación simbólica con sus padres o figuras familiares significativas. A través de movimientos físicos o visualizaciones mentales, el ejercicio permite sanar rupturas emocionales, integrar aspectos del sistema familiar y promover una mayor conexión emocional con las figuras parentales.

Duración: 30-40 minutos

Materiales: Espacio abierto y cómodo para realizar movimientos, sillas o cojines para representar a los padres o figuras familiares (opcional).

a. **Preparación Inicial (5 minutos):** Comienza invitando al participante a sentarse en una posición cómoda, con los pies firmemente plantados en el suelo, y a cerrar los ojos. Pide que respiren profundamente tres veces, llevando la atención al momento presente, relajando el cuerpo y preparando la mente para el ejercicio.

b. **Instrucción Inicial (5 minutos):** Explica que el ejercicio consiste en movimientos hacia adelante y hacia atrás que simbolizan el acercamiento o distanciamiento de las figuras familiares, en particular los padres. Estos movimientos permitirán explorar emociones no resueltas, patrones familiares y la necesidad de ajuste en las relaciones.

c. **Visualización (5 minutos):** Invita al participante a visualizar a su padre y madre (o las figuras parentales más importantes), ubicados frente a ellos, a una distancia que sientan adecuada. Si lo prefieren, pueden usar sillas o cojines para representar a sus padres en el espacio físico.

Frases de guía:

"Visualiza a tu madre a un lado y a tu padre en el otro. Siente la presencia de ambos, ya sea que estén presentes físicamente o no."

d. **"Nota cómo se siente la distancia entre ustedes.** ¿Es cómoda? ¿Sientes que están muy cerca o demasiado lejos?"

e. **Movimiento Hacia Atrás (10 minutos):** pide al participante que comience el movimiento físico (si es posible) o visualice un movimiento simbólico de retroceso con respecto a sus padres.

Frases de guía:

o "Damos un paso hacia atrás. Observa cómo se siente este movimiento. ¿Sientes alivio, tensión o miedo? ¿Qué emociones aparecen al crear más distancia?"

o "Si aparece alguna sensación incómoda, permítete sentirla. No la juzgues, simplemente obsérvala."

Momento de Reflexión: Después de un par de minutos en este estado, invita al participante a reflexionar sobre cómo se siente en esta nueva distancia con sus padres. Pueden preguntar internamente: "¿Qué me permite este alejamiento?" o "¿Qué me falta desde esta distancia?"

f. **Movimiento Hacia Adelante (10 minutos):** A continuación, invita al participante a comenzar a moverse hacia adelante, acercándose a las figuras parentales en el espacio físico o visualizado.

Frases de guía:

- o *"Ahora, da un paso hacia adelante, en dirección a tus padres. Siente cómo es acercarte a ellos. ¿Qué cambia dentro de ti con este movimiento? ¿Sientes conexión, resistencia o alguna otra emoción?"*

- o *"Observa cómo responde tu cuerpo y tu corazón al acercamiento."*

Momento de Reflexión: Permite que el participante sienta el impacto de este acercamiento. Pueden preguntarse: *"¿Qué cambia dentro de mí cuando me acerco?"* o *"¿Qué es lo que necesito para estar más cerca de ellos?"*

g. **Integración Final (5 minutos):** Después de completar los movimientos, guía al participante hacia una fase de integración. Invítalo a notar dónde se siente más en paz: al estar más cerca o más lejos de sus padres, o en algún punto intermedio. Explora cómo se pueden ajustar las dinámicas internas.

Frases de cierre:

- o *"Ahora, encuentra el punto en el que te sientas más en equilibrio con tus padres. Puede ser más cerca o más lejos, lo importante es encontrar ese lugar que te permita estar en paz contigo mismo y con ellos."*

- o *"Agradece a tus padres, a tu linaje, por todo lo que te han dado. Incluso si no entiendes todo lo que ha pasado, ellos te han dado la vida."*

Este ejercicio permite experimentar el ajuste de las distancias emocionales y simbólicas con los padres, lo que puede revelar patrones profundos de relación y ofrecer una oportunidad de sanación e integración. Al trabajar estos movimientos, el participante puede sentir cómo estos ajustes impactan su sistema familiar y emocional, promoviendo una mayor paz y conexión con sus figuras familiares.

---

3. EL RITUAL DE INCLUSIÓN

Este ejercicio se centra en la inclusión de miembros excluidos o no reconocidos del sistema familiar. A través de rituales simbólicos, se les da un lugar en la constelación, lo que puede liberar patrones de exclusión y permitir un flujo más saludable de amor y energía en el sistema familiar.

Este ejercicio está diseñado para trabajar con la energía de los miembros excluidos o no reconocidos dentro del sistema familiar. A través de un proceso simbólico y profundo, el **Ritual de Inclusión** permite reconocer, honrar y darles un lugar a aquellos que han sido olvidados, ignorados o apartados del campo familiar. Este ritual facilita la liberación de patrones de exclusión y permite que el amor y la energía fluyan libremente a través del sistema familiar.

Objetivo:

Restaurar el equilibrio en el sistema familiar al incluir a aquellos que fueron excluidos, promoviendo así una sanación profunda y un flujo armonioso de energía entre todos los miembros.

Preparación:

1. **Espacio físico**: Crea un ambiente tranquilo, preferiblemente en un espacio abierto donde los participantes puedan moverse con libertad. Coloca cojines o sillas en círculo, simbolizando el espacio del sistema familiar. En el centro, coloca una vela encendida, que representará la luz del reconocimiento y la inclusión.

2. **Materiales**: Utiliza fotografías, objetos simbólicos o simplemente papeles con nombres de los miembros excluidos para representar a cada uno de ellos. Si el participante no conoce a los excluidos, puede usar la intención y dejar que el campo sistémico revele quiénes son a través de sensaciones, imágenes o emociones.

3. **Participantes**: Este ejercicio puede hacerse individualmente con un constelador o en grupo, donde se asigna a algunos miembros para representar a los familiares excluidos.

Pasos del ejercicio:

1. Intención y apertura

Comienza pidiendo al participante que cierre los ojos y respire profundamente. Guíalo en una breve meditación para conectar con el campo familiar, solicitando permiso para trabajar en beneficio de la sanación. Una vez que se sienta conectado, pide que establezca una intención clara de **inclusión** y **reconciliación** para aquellos miembros que han sido excluidos.

2. Identificación de excluidos

Explora el árbol genealógico del participante y pregúntale si tiene conocimiento de familiares que fueron olvidados, marginados o apartados por diversas razones (muertes prematuras, hijos no reconocidos, enfermedades mentales, traiciones, etc.). Si el participante no tiene claridad, invita a que observe y sienta quiénes podrían estar excluidos, dejando que el campo de la constelación revele esta información.

3. Creación del espacio de inclusión

Coloca los objetos o papeles que representan a los miembros excluidos dentro del círculo, cerca del centro. En grupo, el constelador invita a representantes para estos familiares, o si se trabaja de forma individual, el participante puede observar los objetos y sentir su presencia.

4. Reconocimiento y validación

Pide al participante que se acerque al centro del círculo y, frente a cada representante o símbolo, pronuncie las siguientes palabras (pueden adaptarse según el caso específico):

- "Te veo."
- "Tienes un lugar en mi familia."
- "Reconozco tu dolor y tu historia."

- "Te incluyo en mi corazón."

Si el participante siente una resistencia o dificultad, invítalo a notar sus emociones y sensaciones, recordándole que no hay prisa en este proceso.

5. Gestos simbólicos de inclusión

Una vez que el reconocimiento verbal ha sido hecho, sugiere que el participante haga un gesto simbólico de inclusión, como encender una vela para cada miembro, colocar un objeto significativo en su nombre o realizar un movimiento de acercamiento (por ejemplo, extender las manos hacia los representantes o los símbolos). Estos gestos refuerzan el acto de darles un lugar en el sistema familiar.

6. Palabras de reconciliación

Guía al participante a pronunciar estas palabras:

- "Te doy un lugar en mi sistema familiar. Ya no necesitas ser excluido. Ahora formas parte de nosotros."
- "Gracias por todo lo que has sido y todo lo que representas."
- "Te reconozco y te libero."

Si el ejercicio se realiza en grupo, los representantes pueden expresar cómo se sienten al ser reconocidos, brindando así un espejo de la transformación energética que está ocurriendo.

7. Cierre del ritual

Para finalizar el ritual, el participante puede hacer una inclinación hacia los símbolos o representantes como un acto de respeto, y luego volver a su lugar. Si es apropiado, puede cerrar el círculo agradeciendo a los miembros del sistema familiar por su presencia y apertura.

8. Reflexión y cierre

Tras el ritual, invita al participante a reflexionar sobre lo que ha sentido y experimentado durante el ejercicio. Puede compartir sus observaciones o escribir sobre ello. Es importante que el constelador o facilitador ofrezca un espacio de contención y apoyo emocional, ya que este tipo de ejercicios puede traer a la superficie emociones profundas.

Notas importantes:

- Este ejercicio debe ser guiado con respeto y compasión, ya que toca heridas ancestrales y personales muy profundas. Asegúrate de que el participante se sienta contenido y en un espacio seguro durante todo el proceso.

- El proceso de inclusión no siempre es inmediato. En algunos casos, es necesario repetir el ejercicio varias veces hasta que el flujo de amor y energía dentro del sistema familiar se restablezca por completo.

Este Ritual de Inclusión es una forma poderosa de sanar el sistema familiar, abriendo espacio para que todos los miembros, presentes y ausentes, puedan ser reconocidos, liberando así las cargas del pasado y permitiendo un flujo más armónico y saludable para las generaciones presentes y futuras.

OTROS EJERCICIOS RECOMENDADOS

4. LA "DECLARACIÓN DE LEALTAD": Los participantes identifican y reconocen lealtades familiares invisibles que pueden estar influyendo en su comportamiento y decisiones. Mediante la verbalización y el reconocimiento de estas lealtades, se puede crear una mayor claridad y libertad para tomar decisiones más conscientes y auténticas.

5. EL EJERCICIO DE LA "ORDEN FAMILIAR": Este ejercicio explora cómo el orden dentro del sistema familiar influye en las dinámicas actuales. Se examinan las posiciones y roles de los miembros de la familia y se trabaja para restaurar un equilibrio y un orden saludable. Esto puede implicar ajustar las expectativas, reconocer el lugar adecuado de cada miembro, y sanar relaciones disfuncionales.

6. LA "RECONCILIACIÓN SIMBÓLICA": A través de la utilización de objetos o símbolos, los participantes pueden realizar una reconciliación simbólica con miembros de la familia, incluidas figuras ausentes o fallecidas. Este proceso ayuda a liberar cargas emocionales y a restablecer el equilibrio en las relaciones familiares.

7. LA "CARTA A UN ANCESTRO": Los participantes escriben una carta a un ancestro o figura familiar significativa, expresando sentimientos, resentimientos y gratitud. Esta práctica puede ayudar a liberar emociones reprimidas y a establecer una conexión más saludable con el pasado familiar.

Las constelaciones familiares ofrecen una herramienta poderosa para explorar y sanar las dinámicas en las relaciones de pareja. Al abordar el sistema familiar de origen, la afinidad, las lealtades y creencias, y la doble transferencia, podemos desarrollar una mayor conciencia y comprensión de las fuerzas que influyen en nuestras relaciones.
Este trabajo nos permite construir relaciones más saludables, equilibradas y auténticas, basadas en el respeto mutuo y la comprensión profunda de nosotros mismos y de nuestras parejas.

PRIORIDADES EN LA RELACIÓN DE PAREJA

En cualquier relación de pareja, es fundamental establecer y respetar las prioridades que guiarán el vínculo. Estas prioridades pueden incluir valores compartidos, objetivos comunes y acuerdos sobre aspectos clave de la vida en común, como la crianza de los hijos, la gestión financiera y la relación con las familias de origen. Tener una comprensión clara de estas prioridades ayuda a la pareja a navegar los desafíos y a tomar decisiones importantes con una base sólida.

En el contexto de las constelaciones familiares, se exploran las expectativas y necesidades de cada miembro de la pareja para asegurarse de que ambos estén alineados. Es posible que las prioridades de una persona estén influenciadas por lealtades familiares o expectativas no resueltas. Por ejemplo, alguien podría priorizar la estabilidad financiera debido a una historia familiar de pobreza o inseguridad económica. Otro ejemplo podría ser la expectativa de mantener una relación cercana con los padres, basada en la tradición familiar, que puede no coincidir con las preferencias de la pareja.

Reconocer y discutir estas influencias permite a la pareja negociar y establecer prioridades que reflejen genuinamente sus valores y deseos compartidos. Este proceso de negociación es crucial para construir una relación equilibrada y respetuosa, donde ambos miembros sientan que sus necesidades y expectativas son escuchadas y valoradas. Además, ayuda a evitar malentendidos y resentimientos que pueden surgir cuando las prioridades no se comunican claramente.

En última instancia, establecer prioridades compartidas permite a la pareja crear una visión común para su futuro juntos, alineando sus esfuerzos y recursos hacia objetivos que ambos consideran importantes. Esto fortalece la relación y facilita un sentido de propósito y colaboración, contribuyendo a una vida en común más satisfactoria y armoniosa.

RELACIONES CON UN DESTINO DURO

Algunas relaciones están marcadas por desafíos significativos o destinos difíciles, como enfermedades crónicas, adicciones, problemas legales o tragedias personales. En las constelaciones familiares, se exploran las raíces sistémicas de estos destinos, buscando comprender si están relacionados con eventos pasados no resueltos o con lealtades invisibles a miembros de la familia que han experimentado situaciones similares.

Por ejemplo, una persona en una relación con un destino duro podría estar repitiendo un patrón de sacrificio o sufrimiento que tiene sus raíces en la historia familiar. Reconocer estas conexiones puede ofrecer una nueva perspectiva y ayudar a la pareja a encontrar formas de apoyar mutuamente y afrontar los desafíos desde una posición de mayor comprensión y fortaleza.

En el marco de las constelaciones familiares, el concepto de "destinos duros" se refiere a experiencias de vida extremadamente difíciles o traumáticas que afectan profundamente a los individuos y a sus descendientes. Estos destinos incluyen eventos o situaciones que causan un sufrimiento significativo y que pueden generar patrones o dinámicas en el sistema familiar. Las constelaciones familiares, desarrolladas por Bert Hellinger, se centran en cómo estos eventos pueden influir en el sistema familiar y en las generaciones futuras, y cómo se pueden sanar o transformar estas influencias.

Cuando decimos que alguien tiene un "destino duro", nos referimos a que esa persona enfrenta circunstancias o desafíos muy difíciles en su vida, que pueden estar relacionados con su historia familiar, personal o incluso karmática. Este destino puede incluir problemas significativos, como enfermedades graves, dificultades económicas extremas, traumas profundos o experiencias de vida muy duras.

En una relación de pareja, es fundamental reconocer que cada persona lleva su propio conjunto de desafíos y vivencias. Si uno de los miembros de la pareja está lidiando con un destino particularmente duro, no es justo ni realista esperar que la otra persona en la relación comparta o cargue con esos mismos desafíos. Cada individuo tiene su propio camino y sus propias cargas, y obligar a la pareja a llevar el peso de estos problemas puede crear una dinámica desequilibrada y perjudicial para ambos.

En lugar de imponer estos retos a la pareja, lo más saludable es buscar apoyo y comprensión mutua. Esto implica:

- Reconocimiento y Aceptación: Reconocer que cada persona tiene su propio conjunto de problemas y aceptarlos sin esperar que el otro los comparta o los resuelva por uno.
- Apoyo Mutuo: Brindar apoyo emocional y práctico sin tratar de cargar al otro con el peso de los problemas.
- Crecimiento Individual: Trabajar en la resolución de los propios problemas y en el crecimiento personal sin hacer depender a la pareja de la solución de esos problemas.
- Comunicación Abierta: Mantener una comunicación honesta sobre las dificultades y buscar soluciones conjuntas sin imponer cargas desproporcionadas.

Ccada persona en una relación tiene su propio viaje y desafíos. Aunque es natural que los problemas de uno puedan afectar a la pareja, exigir que el otro comparta completamente esos desafíos no es justo ni saludable para la relación. Es más constructivo trabajar en la resolución de los problemas y en el apoyo mutuo dentro de una perspectiva de equidad y comprensión.

TIPOS DE DESTINOS DUROS

- Pérdida de un Hijo: La muerte de un hijo es uno de los destinos más duros que una familia puede experimentar. Este evento puede dejar una marca profunda en los padres y en los hermanos sobrevivientes, generando sentimientos de culpa, dolor y desorientación. En las constelaciones, se trabaja para reconocer y honrar la pérdida, y para permitir que el dolor se exprese y se procese adecuadamente.

- Enfermedades Crónicas o Discapacidad: Tener un miembro de la familia con una enfermedad crónica o una discapacidad severa puede ser un destino duro tanto para la persona afectada como para sus cuidadores y familiares. Este tipo de situaciones puede generar dinámicas de sacrificio, sobreprotección o incluso sentimientos de impotencia y desesperanza en la familia.

- Violencia o Abuso: Experiencias de violencia o abuso (físico, emocional, sexual) representan destinos extremadamente duros. Estos eventos pueden dejar cicatrices profundas en las víctimas y pueden generar patrones de comportamiento autodestructivo o de aislamiento emocional. En las constelaciones, se busca reconocer estas experiencias y liberar a los individuos de las cargas emocionales que llevan.

- Guerra y Conflicto: Participar en conflictos armados o vivir en una zona de guerra puede ser una experiencia devastadora. Las heridas físicas y emocionales, la pérdida de seres queridos, y los traumas generados por estas experiencias pueden transmitirse a las generaciones futuras, afectando sus percepciones del mundo y sus relaciones.

- Pobreza Extrema o Exilio: La pobreza extrema, la falta de recursos básicos o el exilio forzado son situaciones que pueden marcar profundamente a una familia. Estos destinos pueden generar sentimientos de desesperanza, resentimiento y exclusión, que pueden manifestarse en comportamientos y actitudes en las generaciones siguientes.

- Discriminación y Exclusión Social: Experiencias de discriminación racial, étnica, religiosa o de género también se consideran destinos duros. Estas experiencias pueden generar sentimientos de inferioridad, aislamiento y enojo, y pueden afectar la identidad y la autoestima de los individuos y sus descendientes.

IMPLICACIONES DE LOS DESTINOS DUROS

Los destinos duros pueden tener implicaciones profundas en el sistema familiar. Generan patrones de comportamiento, creencias y actitudes que se transmiten de generación en generación. Estos pueden incluir lealtades invisibles, donde los descendientes sienten que deben sufrir o sacrificar algo en sus propias vidas para honrar el dolor de sus ancestros.

Además, los destinos duros pueden llevar a la exclusión de ciertos miembros de la familia o eventos de la narrativa familiar, ya que el dolor asociado puede ser demasiado intenso para ser procesado o reconocido. Esto puede llevar a un "vacío" en el sistema familiar, donde la energía o la atención se desvía inconscientemente hacia estas áreas no resueltas.

En el trabajo de constelaciones familiares, se busca traer estos destinos duros a la conciencia y reconocerlos plenamente. Este proceso incluye:

- Reconocimiento y Validación: Reconocer el sufrimiento y las experiencias difíciles vividas por los miembros de la familia, validando su dolor y su lucha.
- Liberación de Cargas: Permitir que los individuos se liberen de las cargas emocionales y lealtades que han llevado en nombre de otros miembros de la familia.
- Restauración del Orden y el Equilibrio: Ayudar a reestablecer el orden y el equilibrio en el sistema familiar, permitiendo que cada miembro ocupe su lugar adecuado y sea honrado por su historia y su contribución.

Los destinos duros son experiencias profundamente dolorosas que pueden marcar a las familias durante generaciones. A través del trabajo en constelaciones familiares, es posible traer estas experiencias a la luz, honrar a quienes las vivieron y trabajar para liberar las cargas emocionales asociadas.
Este proceso no solo facilita la sanación individual, sino que también ayuda a liberar a las generaciones futuras de la repetición de patrones dolorosos y destructivos.

CUANDO HAY UN ABORTO

Los abortos, sean espontáneos o inducidos, tienen un profundo impacto en el sistema familiar y en las relaciones. Cuando hay un aborto, ya sea espontáneo o inducido, puede tener un profundo impacto en la pareja y en el sistema familiar en su conjunto. En el contexto de las constelaciones familiares, se reconoce que los abortos, como experiencias significativas, deben ser tratados con respeto y consideración. La falta de reconocimiento y procesamiento de un aborto puede llevar a dinámicas de exclusión y desequilibrio que afectan a otros miembros de la familia, aunque de manera sutil.

Impacto en la Pareja:

- Duelo y Pérdida: La pareja puede experimentar un duelo profundo y una sensación de pérdida. El aborto puede ser vivido como una pérdida significativa, y el proceso de duelo puede variar de una persona a otra. Estos sentimientos pueden afectar la relación, generando tensiones y malentendidos si no se abordan de manera abierta y comprensiva.

- Culpa y Auto-reproche: Los miembros de la pareja pueden cargar con sentimientos de culpa o auto-reproche, especialmente si hay creencias subyacentes de que el aborto fue una decisión incorrecta o si no se siente que se ha hecho lo suficiente para prevenir la pérdida.

- Distanciamiento Emocional: El duelo por un aborto puede llevar a un distanciamiento emocional entre la pareja si no se comunican abiertamente sobre sus sentimientos. La falta de comunicación puede crear barreras en la relación y dificultar la conexión emocional.

- Impacto en la Fertilidad y el Futuro Familiar: El aborto puede influir en las percepciones sobre la fertilidad y el futuro familiar. Las preocupaciones sobre la capacidad para concebir en el futuro o el temor a enfrentar más pérdidas pueden generar ansiedad y tensiones en la relación.

El procesamiento desde la òptica de las Constelaciones Familiares es:

- Reconocimiento del Aborto: En las constelaciones familiares, es crucial reconocer el aborto como un miembro del sistema familiar. Esto implica darle un lugar en la narrativa familiar y tratarlo con respeto. Este reconocimiento ayuda a integrar la experiencia de manera saludable y a liberar el peso emocional asociado.

- Procesamiento del Duelo: Constelar la relación puede facilitar el proceso de duelo al proporcionar un espacio para que los miembros de la pareja expresen y exploren sus sentimientos. Esto permite que se aborden los sentimientos de tristeza, culpa y confusión de manera constructiva.

- Reequilibrio del Sistema Familiar: Al reconocer y procesar el aborto, se pueden resolver dinámicas de exclusión y desequilibrio dentro del sistema familiar. Esto puede llevar a una mayor armonía y equilibrio en las relaciones, tanto entre la pareja como con otros miembros de la familia.

- Apertura para Relaciones Saludables: El trabajo en las constelaciones familiares puede abrir espacio para relaciones más saludables y equilibradas. Al abordar y resolver las dinámicas emocionales relacionadas con el aborto, la pareja puede fortalecer su conexión y avanzar hacia una relación más comprensiva y unida.

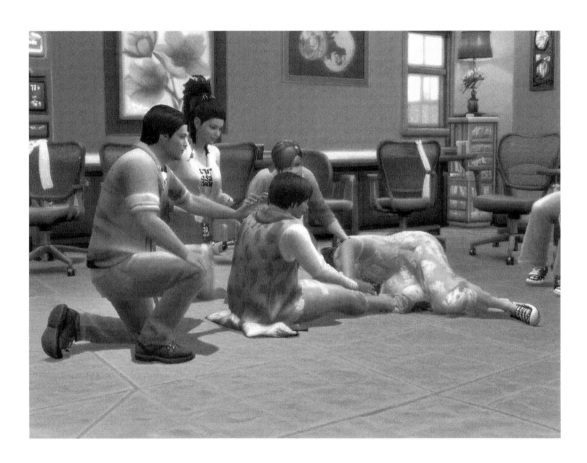

EL DIVORCIO

El divorcio es una experiencia que puede tener profundas repercusiones emocionales y sistémicas para todos los involucrados, incluidos los hijos y las familias extendidas. En las sesiones, se trabaja para entender cómo el divorcio puede estar influenciado por patrones familiares anteriores, como separaciones no resueltas o lealtades a antepasados que también experimentaron rupturas.

El proceso de constelación puede ayudar a los individuos a reconocer sus propios sentimientos de culpa, fracaso o miedo, y a liberar cualquier lealtad invisible que pueda estar exacerbando la situación. Además, facilita el proceso de aceptación y cierre, permitiendo a las personas involucradas avanzar con una nueva comprensión y paz.

En el enfoque de las Constelaciones Familiares, el divorcio se considera un evento significativo con profundas implicaciones en el sistema familiar que afecta a todos sus miembros, especialmente a los hijos, y resuena a lo largo de varias generaciones si no se aborda de manera adecuada. Las Constelaciones Familiares buscan identificar y sanar las dinámicas ocultas que pueden surgir a raíz de un divorcio, ayudando a los individuos a encontrar paz y equilibrio.

IMPLICACIONES DEL DIVORCIO

1. Ruptura del Orden Natural. En el sistema de Constelaciones Familiares, se considera que hay un orden natural en las relaciones familiares, que se basa en la jerarquía y el respeto mutuo. El divorcio puede perturbar este orden, especialmente si uno de los padres es desvalorizado o excluido. Esta ruptura puede llevar a que los hijos tomen partido por uno de los padres, lo que puede generar un desequilibrio emocional y psicológico.

2. Lealtades Invisibles y Conflictos de Lealtad. Los hijos pueden experimentar lealtades invisibles hacia sus padres, sintiendo que deben elegir entre uno y otro o que deben tomar el lugar del padre ausente. Estas lealtades pueden manifestarse en comportamientos problemáticos, enfermedades psicosomáticas o dificultades en las relaciones futuras. En algunos casos, los hijos pueden sentir la necesidad de "compensar" la separación de los padres al sacrificar su propia felicidad o éxito.

3. Repetición de Patrones. El divorcio no resuelto puede llevar a la repetición de patrones en las generaciones posteriores. Por ejemplo, los hijos de padres divorciados pueden ser más propensos a experimentar sus propios divorcios o dificultades en las relaciones. Esto puede deberse a creencias inconscientes sobre la inestabilidad de las relaciones o a la falta de modelos de relaciones saludables.

4. Exclusión de Miembros de la Familia. En el proceso de divorcio, es común que uno de los padres sea excluido emocionalmente del sistema familiar, especialmente si la separación fue conflictiva. Esta exclusión puede tener un efecto negativo en los hijos, que pueden sentir que deben elegir un bando o incluso sentir culpa por tener una relación con el padre excluido. Las Constelaciones Familiares buscan reintegrar a los miembros excluidos, reconociendo su lugar y su contribución al sistema familiar.

5. Impacto en la Autoestima y la Identidad de los Hijos. Los hijos de padres divorciados pueden experimentar una crisis de identidad o una disminución en su autoestima. Pueden internalizar la separación de sus padres como una falta de amor o como una señal de que no son dignos de ser amados. Este impacto emocional puede influir en su autoimagen y en cómo se relacionan con los demás.

6. Confusión en los Roles. El divorcio puede llevar a una confusión de roles dentro de la familia, especialmente si uno de los padres asume roles adicionales que normalmente corresponderían al otro padre. Por ejemplo, un padre puede intentar compensar la ausencia del otro convirtiéndose en una figura tanto materna como paterna. Esto puede generar tensiones y dificultades en la relación entre padres e hijos.

CONSTELANDO EL DIVORCIO

Las Constelaciones Familiares ofrecen un enfoque terapéutico para abordar y sanar las implicaciones del divorcio. A través de este método, los individuos pueden explorar las dinámicas ocultas que subyacen a los conflictos familiares y trabajar para restablecer el orden natural y la armonía dentro del sistema.

1. Restauración del Orden y el Respeto. Uno de los objetivos principales de las Constelaciones Familiares es restaurar el orden y el respeto dentro de la familia. Esto incluye reconocer y honrar el papel de cada miembro de la familia, incluidos los padres divorciados. Es importante que los hijos puedan ver y aceptar a ambos padres como iguales, sin sentirse obligados a tomar partido.

2. Reintegración de Miembros Excluidos. Reintegrar a los miembros excluidos es un paso importante en el proceso de sanación. En el caso de un divorcio, esto puede significar reconocer y respetar el lugar del padre que ha sido emocionalmente excluido. Este reconocimiento puede liberar a los hijos de la carga de lealtades invisibles y permitirles vivir sus propias vidas de manera más plena y libre.

3. Creación de Nuevas Narrativas. Las Constelaciones Familiares ayudan a los individuos a crear nuevas narrativas sobre sus experiencias familiares. En lugar de ver el divorcio como una falla o un trauma, pueden aprender a verlo como una oportunidad para el crecimiento y el desarrollo personal. Este cambio de perspectiva puede ser especialmente beneficioso para los hijos, ayudándoles a construir una identidad más positiva y resiliente.

4. Liberación de Patrones Heredados. A través del trabajo en Constelaciones Familiares, los individuos pueden identificar y liberar patrones heredados que podrían estar influyendo en su vida. Esto incluye patrones de relaciones inestables, miedos al compromiso o creencias limitantes sobre el amor. Al hacerlo, pueden abrirse a nuevas posibilidades y relaciones más saludables.

El divorcio es un evento complejo con muchas implicaciones para el sistema familiar. Sin embargo, a través de la exploración y la sanación en las Constelaciones Familiares, es posible abordar y resolver estas dinámicas. Este proceso puede llevar a una mayor comprensión, aceptación y armonía, no solo para los individuos directamente involucrados, sino también para las generaciones futuras.

LOS HIJOS Y EL DIVORCIO

LA MADRE COMO PUENTE CUANDO EL PADRE ESTÁ AUSENTE

La figura de los padres juega un papel fundamental en la formación y el desarrollo de los hijos. Sin embargo, en muchas familias, la ausencia del padre es una realidad que puede generar diversas dinámicas y desafíos. Cuando el padre está ausente, ya sea física o emocionalmente, la madre se convierte en el puente que conecta al hijo con la figura paterna y su linaje. Este rol tiene implicaciones profundas tanto para la madre como para los hijos, y es importante manejarlo con conciencia y equilibrio.

En las constelaciones familiares, se entiende que cada progenitor aporta algo único e insustituible a la vida de sus hijos. La madre, por lo general, es la figura que nutre, cuida y proporciona seguridad emocional, mientras que el padre representa el acceso al mundo exterior, las normas y la estructura. Cuando el padre está ausente, la madre puede verse en la necesidad de asumir un rol dual, pero este intento puede ser complejo y a veces contraproducente.

La madre como puente no implica que deba reemplazar o asumir el papel del padre, sino más bien que actúe como una conexión que facilita al hijo el acceso simbólico a la figura paterna y su energía. Esto puede ser especialmente importante en contextos donde la ausencia del padre se debe a razones fuera del control de la madre o los hijos, como la separación, la muerte, o el abandono.

IMPLICACIONES DE LA AUSENCIA DEL PADRE

Identidad y Autoestima: La figura paterna se asociada con la formación de la identidad y la autoestima, especialmente en el caso de los hijos varones. La ausencia del padre puede dejar un vacío en la construcción de la identidad, afectando la autopercepción y el sentido de pertenencia del hijo. Para las hijas, la figura paterna también juega un papel en la relación con lo masculino y en la formación de expectativas sobre futuras relaciones.

Lealtades Invisibles y Culpas: Los hijos pueden desarrollar lealtades invisibles hacia el padre ausente, lo que se manifiesta en sentimientos de culpa, enojo o tristeza. Pueden culpar a la madre por la ausencia del padre o, alternativamente, idealizar al padre ausente, lo que puede complicar su relación con la realidad de la ausencia.

Cargas Emocionales para la Madre: La madre puede cargar con la responsabilidad adicional de ser el único referente parental presente, lo que puede llevar a un agotamiento emocional y a una sensación de insuficiencia. Además, puede sentirse responsable de explicar o justificar la ausencia del padre, lo que añade una carga emocional significativa.

HERRAMIENTAS Y ENFOQUES

- Reconocimiento y Aceptación: Es fundamental que tanto la madre como los hijos reconozcan y acepten la realidad de la ausencia del padre, sin idealizar ni demonizar su figura. Este reconocimiento ayuda a liberar expectativas no realistas y a sanar el dolor asociado con la ausencia.

- Honrar la Figura del Padre: En las constelaciones familiares, honrar la figura del padre, incluso en su ausencia, es vital para la sanación. La madre puede facilitar este proceso hablando del padre de manera respetuosa y reconociendo sus aportes positivos, si los hubo, y también reconociendo su humanidad y sus limitaciones.

- Facilitar la Conexión con el Linaje Paterno: La madre puede ayudar a los hijos a conectarse con el linaje paterno a través de historias familiares, fotos, o simplemente reconociendo las características y talentos que los hijos pueden haber heredado del padre. Esto ayuda a los hijos a sentir una conexión con su herencia y a integrar esa parte de su identidad.

- Apoyo y Recursos Externos: Es importante que la madre no asuma sola la carga de ser el único apoyo parental. Buscar el apoyo de familiares, amigos, terapeutas o grupos de apoyo puede ser beneficioso para manejar las emociones y los desafíos que surgen de la situación.

La ausencia del padre presenta desafíos únicos en el contexto de la familia, pero también ofrece oportunidades para el crecimiento y la sanación. A través de la conciencia, el respeto y la aceptación, la madre puede actuar como un puente efectivo, ayudando a sus hijos a integrar la figura paterna en su vida de una manera saludable y equilibrada.
En última instancia, este proceso no solo beneficia a los hijos, sino que también permite a la madre liberarse de cargas innecesarias y encontrar su propio camino hacia la plenitud y el bienestar.

ACTO DE PSICOMAGIA: LA MADRE COMO PUENTE

Objetivo:

Facilitar la integración de la figura paterna en la vida de los hijos y liberar a la madre de la carga de intentar suplir ambas figuras parentales.

Materiales Necesarios:

- Dos velas: Una blanca (representando a la madre) y una azul (representando al padre).

- Una cuerda o cinta roja: Que simboliza el lazo o conexión entre ambos padres.

- Un objeto simbólico del padre: Puede ser una foto, un objeto que él solía usar, o algo que lo represente.

- Un recipiente con agua y sal: Para purificar y limpiar las energías.

- Flores frescas: Preferiblemente de colores claros, que representen la armonía y la paz.
- Papel y bolígrafo.

Preparación:

- Elige un espacio tranquilo: Un lugar donde puedas realizar el acto sin interrupciones.
- Coloca las velas: Pon la vela blanca a la izquierda y la vela azul a la derecha, con el objeto simbólico del padre en el medio.
- Coloca la cuerda roja: Colócala entre las velas, conectando simbólicamente la energía de ambos padres.
- Coloca las flores alrededor de las velas: Esto simboliza la armonía y el amor que rodea a la familia.
- Llena el recipiente con agua y sal: Colócalo frente a las velas.

Ritual:

Encendido de las Velas:

- Enciende la vela blanca (la madre) mientras dices: "Enciendo esta vela para honrar mi papel como madre, fuente de amor y cuidado."
- Enciende la vela azul (el padre) mientras dices: "Enciendo esta vela para honrar al padre, fuente de estructura y protección."

Declaración de Intención:

Toma la cuerda roja y, con una mano en cada extremo, di: "Esta cuerda representa la conexión eterna entre la madre y el padre, una conexión que trasciende la presencia física. Honramos la importancia de ambos en la vida de nuestros hijos."

Purificación:

Toma el recipiente con agua y sal y, con las manos, esparce un poco alrededor del espacio mientras dices: "Con esta agua, purifico y limpio cualquier energía estancada o negativa. Doy la bienvenida a la armonía y el equilibrio."

Reconocimiento del Padre:

Coloca el objeto simbólico del padre en el centro, entre las velas, y di: "A través de este símbolo, honramos la presencia del padre. Reconocemos sus contribuciones y aceptamos sus limitaciones. Invocamos su energía para que siempre esté presente en la vida de nuestros hijos."

Escribiendo un Mensaje:

- Escribe un mensaje en un papel, expresando cualquier sentimiento o pensamiento que desees comunicar al padre ausente. Puede ser un mensaje de gratitud, perdón, o simplemente una reflexión.
- Coloca el papel junto al objeto simbólico y di: "Con estas palabras, libero cualquier carga emocional y permito que la paz y la aceptación llenen nuestro hogar."

Cierre del Ritual:

- Toma las flores y colócalas alrededor del objeto simbólico y las velas, diciendo: "Con estas flores, adornamos nuestro espacio con amor y comprensión. Celebramos la vida y el papel de ambos padres en ella."
- Apaga las velas con un soplo suave, mientras visualizas la integración y la armonía que deseas para tu familia.

Reflexión y Seguimiento:

Después del ritual, es importante tomarse un tiempo para reflexionar sobre la experiencia. Anota cualquier sentimiento o pensamiento que surja, y observa cómo estos se desarrollan en los días siguientes. Es posible que sientas un alivio emocional o una mayor claridad en tu relación con la figura paterna.

Este acto de psicomagia no solo busca sanar las dinámicas familiares, sino también empoderar a la madre y liberar a los hijos de cargas emocionales innecesarias. A través de este acto simbólico, se honra y reconoce la importancia de ambos padres, creando un espacio de amor y aceptación en el sistema familiar.

FRASES SANADORAS DE LA MADRE AL HIJO Y DE LA MADRE AL PADRE DE SUS HIJOS CUANDO ESTE ESTÁ AUSENTE

Estas frases, cuando se dicen con sinceridad y desde el corazón, pueden abrir puertas a la sanación y al entendimiento mutuo. Es importante recordar que el proceso de sanación es personal y puede tomar tiempo. La intención detrás de estas palabras es crear un espacio de respeto, aceptación y amor, tanto para los padres como para los hijos.

FRASES SANADORAS DE LA MADRE AL HIJO

Reconocimiento del Padre Ausente:

"Tu padre forma parte de ti, y siempre lo hará. Lo honramos y respetamos su lugar en nuestra familia."

"Aunque tu padre no esté presente físicamente, su esencia y su amor viven en ti."

Aceptación y Empoderamiento:

"Te libero de cualquier responsabilidad que puedas sentir hacia la ausencia de tu padre. Es un asunto entre adultos."

"Tienes todo el derecho de amar y recordar a tu padre de la forma en que lo sientas. Siempre será una parte importante de tu historia."

Amor Incondicional:

"Te amo profundamente, y siempre estaré aquí para apoyarte en todo momento, sin importar las circunstancias."

"Eres fruto del amor y mereces todo el amor y la felicidad del mundo."

Fomentar la Identidad y la Pertenencia:

"Eres una mezcla hermosa de tu padre y de mí. Llevas lo mejor de ambos en tu corazón."

"Siempre tendrás un lugar en esta familia, y juntos enfrentaremos cualquier desafío."

Frases Sanadoras de la Madre al Padre Ausente

Reconocimiento y Respeto:

"Te reconozco como el padre de nuestros hijos y respeto tu papel en su vida, sin importar las circunstancias que nos hayan separado."

"Honro la parte de ti que vive en nuestros hijos y agradezco por los dones que les has dado."

Liberación de Cargas y Culpa:

"Te libero de cualquier culpa o carga que puedas sentir por no estar presente. Confío en que cada uno hace lo mejor que puede en su situación."

"Reconozco que cada uno tiene su camino y sus razones. Acepto nuestra historia tal como es."

Agradecimiento y Despedida:

"Gracias por los momentos que compartimos y por los hijos que trajimos al mundo juntos. Te deseo lo mejor en tu camino."

"Te libero con amor, deseándote paz y felicidad en donde quiera que estés."

Animar la Paz y la Armonía:

"Deseo que encuentres paz en tu corazón y que nuestras diferencias no afecten el bienestar de nuestros hijos."

"Aunque no estemos juntos, espero que podamos trabajar en armonía por el bien de nuestros hijos."

ESTUDIO DE CASO: CONSTELANDO EL DIVORCIO

En este estudio de caso, consideremos una familia donde los padres, Ana y Carlos, deciden divorciarse después de 15 años de matrimonio. Tienen dos hijos, Laura de 13 años y Andrés de 10 años. El proceso de divorcio ha sido complicado debido a desacuerdos sobre la custodia de los hijos y la división de los bienes. Además, la familia ha experimentado tensiones previas relacionadas con problemas de comunicación y diferencias en valores y expectativas.

Dinámicas Reveladas en la Constelación

- Lealtades Invisibles y Culpa en los Hijos: Laura y Andrés pueden sentir lealtades invisibles hacia ambos padres, lo que puede manifestarse en culpa o conflictos de lealtad. Por ejemplo, Laura podría sentir la necesidad de consolar a su madre y asumir un rol más adulto, mientras que Andrés podría intentar "reparar" la relación entre sus padres o sentirse culpable por disfrutar el tiempo con uno de ellos.

- Patrones Transgeneracionales de Separación: Al explorar el árbol genealógico de Ana y Carlos, se descubre que ambos provienen de familias con historias de separaciones difíciles o conflictos matrimoniales no resueltos. Estos patrones transgeneracionales pueden influir en su percepción del matrimonio y el divorcio, así como en su capacidad para manejar el conflicto de manera saludable.

- Exclusión de Sentimientos y Experiencias: En algunos casos, uno de los cónyuges (por ejemplo, Carlos) podría no haber procesado completamente el dolor o la tristeza relacionados con el divorcio, prefiriendo evitar el conflicto. Esto puede llevar a la exclusión de estos sentimientos en la dinámica familiar, lo que a su vez puede crear tensiones no expresadas y una atmósfera emocionalmente cargada.

- Influencia de Expectativas Culturales y Familiares: Las expectativas culturales o familiares sobre el rol de los padres y el matrimonio pueden estar influyendo en la manera en que Ana y Carlos manejan el divorcio. Por ejemplo, podrían sentir presión para mantener ciertas apariencias o roles, lo que complica la toma de decisiones y la comunicación abierta.

Intervenciones

- **Reconocimiento de Roles y Responsabilidades:** Durante la constelación, se trabaja en reconocer y respetar los roles y responsabilidades de cada miembro de la familia. Ana y Carlos son guiados para ver el impacto de sus decisiones y comportamientos en sus hijos y entre ellos mismos, ayudándolos a asumir la responsabilidad de sus acciones y a manejar sus emociones de manera constructiva.

- **Liberación de Cargas Emocionales**: Los hijos, Laura y Andrés, pueden ser ayudados a liberar las cargas emocionales que han asumido involuntariamente. Esto incluye permitirles expresar sus sentimientos de tristeza, enojo o confusión en un ambiente seguro y apoyarlos para que no se sientan responsables de los problemas de sus padres.

- **Restauración del Equilibrio Familiar:** A través de la constelación, se busca restaurar el equilibrio en el sistema familiar, reconociendo que cada miembro tiene un lugar y una función única. Esto puede incluir el reconocimiento de las historias familiares de Ana y Carlos, y la validación de sus experiencias como una forma de liberar patrones transgeneracionales.

- **Creación de Nuevas Narrativas y Pactos Familiares**: Es importante para la familia crear nuevas narrativas que reflejen su realidad actual y que sean saludables y constructivas. Esto puede incluir pactos familiares sobre cómo se comunicarán y apoyarán mutuamente durante y después del proceso de divorcio.

Beneficios observados

El proceso de constelación familiar puede proporcionar varios beneficios a la familia, a saber:

- Mayor Claridad y Entendimiento: Los miembros de la familia pueden ganar claridad sobre las dinámicas subyacentes que han contribuido al divorcio, así como una mejor comprensión de sus propios roles y emociones.

- Alivio de la Carga Emocional: Al expresar y procesar emociones reprimidas, los individuos pueden experimentar alivio de la tensión emocional y una sensación de liberación.

- Fortalecimiento de la Relación Padre-Hijo: Los padres pueden aprender a apoyar mejor a sus hijos durante el proceso de divorcio, fortaleciendo su relación y ayudando a los hijos a sentirse seguros y amados.

- Transformación de Patrones Negativos: Reconociendo y abordando patrones transgeneracionales, la familia puede trabajar hacia la transformación de estos patrones, promoviendo relaciones más saludables y equilibradas en el futuro.

Constelar el divorcio en una familia puede ser una herramienta poderosa para sanar y transformar dinámicas ocultas y disfuncionales. A través del reconocimiento y la liberación de cargas emocionales, la restauración del equilibrio y la creación de nuevas narrativas, las familias pueden encontrar un camino hacia la paz y el entendimiento, permitiendo a todos sus miembros avanzar con mayor claridad y fortaleza.

RELACIONES EXPERIMENTALES

Las relaciones experimentales son aquellas en las que las personas exploran diferentes formas de conexión y vinculación, que pueden incluir relaciones abiertas, poliamor, o simplemente una visión más abierta y flexible de lo que significa estar en pareja. Estas relaciones desafían las normas y expectativas tradicionales, tanto a nivel personal como familiar, y pueden ofrecer una oportunidad para explorar nuevas dinámicas de relación que resuenen con los valores y deseos de los individuos involucrados.

En el contexto de las constelaciones familiares, se pueden explorar las influencias sistémicas que afectan las relaciones experimentales. Estas influencias incluyen creencias y expectativas transmitidas a través del sistema familiar sobre temas como el amor, el compromiso, y la estructura de las relaciones. Las constelaciones familiares pueden ayudar a desentrañar cómo estas creencias pueden estar influyendo en las elecciones y sentimientos de los individuos hacia las relaciones experimentales.

Por ejemplo, una persona puede sentirse atraída por una relación abierta o poliamorosa pero también experimentar conflicto interno debido a las expectativas tradicionales de su familia sobre la monogamia y el matrimonio. A través del proceso de constelaciones, es posible identificar y explorar estos conflictos, permitiendo a la persona reconocer y honrar sus propios deseos mientras navega las expectativas familiares.

El trabajo con constelaciones familiares en el contexto de relaciones experimentales puede ser especialmente útil para aquellos que se sienten divididos entre sus deseos personales y las expectativas de su familia. Este proceso permite a los individuos encontrar un equilibrio que respete tanto su autenticidad como sus conexiones familiares. Al explorar y reconocer las dinámicas familiares que influyen en sus decisiones, las personas pueden tomar decisiones más conscientes y alineadas con su verdadero yo.

Además, las constelaciones pueden ayudar a desmitificar y normalizar las elecciones no tradicionales en las relaciones, ofreciendo un espacio seguro para que las personas exploren sus deseos sin juicio. Esto puede conducir a una mayor aceptación y comprensión tanto a nivel personal como familiar, facilitando una integración más armoniosa de las diferentes facetas de la identidad y las relaciones.

ESTUDIO DE CASO: UN TRÍO QUE NO FUNCIONÓ

Este estudio de caso analiza una situación donde tres personas intentaron formar una relación, pero finalmente, la experiencia no tuvo el resultado esperado, generando conflictos y aprendizajes significativos para los involucrados.

María, Luis y Carla son tres amigos que han compartido una amistad cercana durante varios años. Los tres se conocieron en la universidad y mantuvieron una relación platónica hasta que María y Luis comenzaron a salir como pareja. Después de dos años de relación, María y Luis, ambos con mentalidades abiertas y un deseo de explorar nuevas formas de amor y conexión, comenzaron a considerar la posibilidad de incluir a una tercera persona en su relación.

Carla, quien también había mostrado interés en explorar su propia sexualidad y experimentar nuevas dinámicas relacionales, fue invitada a unirse a la relación. Después de varias conversaciones y un periodo de reflexión, los tres decidieron iniciar una relación de trío, creyendo que esta configuración podría enriquecer sus vidas amorosas y fortalecer su amistad.

Al principio, la relación parecía prometedora. Todos los involucrados disfrutaban de la novedad y la conexión emocional que compartían. Sin embargo, a medida que el tiempo pasó, comenzaron a surgir problemas.

Desigualdad en el Compromiso Emocional:

- Luis, quien había iniciado la idea del trío, se sintió abrumado al ver que María y Carla desarrollaban un vínculo más fuerte entre ellas. Esto le hizo sentir excluido y celoso, a pesar de su intención inicial de compartir el amor y la conexión con ambas.
- María se encontraba en una situación difícil, tratando de equilibrar su afecto por Luis con su creciente atracción hacia Carla. Sentía una presión interna por mantener ambos lados de la relación en equilibrio, lo que le generaba ansiedad y estrés.
- Carla, por otro lado, se sintió insegura acerca de su lugar en la relación, temiendo que su inclusión fuera solo temporal o que estuviera siendo utilizada para cumplir una fantasía de la pareja principal.

Falta de Comunicación y Límites Claros:

- Aunque inicialmente discutieron sus expectativas y límites, la falta de experiencia en manejar una relación de trío hizo que muchas cuestiones importantes quedaran sin resolver. La comunicación se volvió tensa y se evitaron conversaciones difíciles por temor a herir sentimientos.
- Hubo confusión sobre el nivel de compromiso que cada uno esperaba. Mientras que Luis y María veían la relación como una extensión de su pareja principal, Carla esperaba un compromiso más igualitario.

Impacto en la Amistad Original:

- La amistad que los tres compartían se vio afectada. Los conflictos relacionales comenzaron a trasladarse a su dinámica de amistad, creando un ambiente de tensión y resentimiento. Lo que antes era una relación de apoyo y confianza se transformó en una fuente de estrés y conflicto.

- Finalmente, después de varios meses de intentos fallidos de resolver los conflictos, los tres decidieron terminar la relación de trío. La separación no fue fácil, pero fue vista como una necesidad para preservar su bienestar emocional y mental.

Aprendizajes Clave:

Importancia de la Comunicación Abierta y Honesta:

- La falta de comunicación efectiva fue un factor crítico en el deterioro de la relación. En relaciones no tradicionales, como los tríos, es fundamental mantener un diálogo constante y claro sobre los sentimientos, expectativas y límites.

Reconocimiento de Dinámicas de Poder y Celos:

- La relación reveló cómo las dinámicas de poder y celos pueden emerger incluso en relaciones experimentales que pretenden ser igualitarias. Es importante abordar estos sentimientos abiertamente y buscar equilibrio.

Necesidad de Claridad en las Expectativas y Compromisos:

- Definir claramente el nivel de compromiso y las expectativas de cada miembro puede prevenir malentendidos y conflictos. Esto incluye discusiones sobre el futuro de la relación y cómo manejar posibles cambios en las emociones o circunstancias.
- Impacto en las Relaciones Personales Existentes:
- Es importante considerar cómo las nuevas dinámicas afectarán las relaciones personales existentes, incluyendo amistades. La introducción de un nuevo miembro en una relación puede cambiar significativamente la dinámica y debe abordarse con cuidado.

EL BUEN AMOR EN LA PAREJA

"Donde hay amor hay vida."
Edith Stein

El "buen amor" se refiere a una forma de amor en una relación que es saludable, equilibrada y mutuamente beneficiosa. En el contexto de las relaciones de pareja, el buen amor no solo implica afecto y atracción, sino también un profundo sentido de respeto, apoyo y compromiso.

A continuación, se detallan los elementos clave que constituyen el buen amor:

1. Respeto Mutuo

El respeto es la base del buen amor. Implica valorar al otro como una persona única con sus propias necesidades, opiniones y sentimientos. Esto se traduce en:

- Escucha Activa: Prestar atención a lo que el otro dice sin interrumpir ni desestimar sus sentimientos.
- Valoración de la Individualidad: Reconocer y apoyar las metas y sueños individuales de la pareja.
- Consentimiento y Autonomía: Respetar los límites y las decisiones personales del otro.

2. Comunicación Abierta y Honesta

Una comunicación efectiva es esencial para una relación saludable. Esto incluye:

- Expresión Clara: Comunicar pensamientos, sentimientos y necesidades de manera clara y directa.

- Escucha Empática: Comprender y validar las experiencias y perspectivas de la pareja.

- Resolución Constructiva de Conflictos: Abordar los desacuerdos de manera respetuosa y buscar soluciones en lugar de ganar discusiones.

3. Apoyo y Compromiso

El buen amor implica apoyar a la pareja en momentos de necesidad y comprometerse con el crecimiento y la salud de la relación. Esto puede manifestarse a través de:

- Apoyo Emocional: Estar presente para la pareja en tiempos de dificultad y ofrecer consuelo y aliento.

- Compromiso a Largo Plazo: Trabajar juntos para superar desafíos y mantener el compromiso con la relación, incluso en momentos difíciles.

4. Equilibrio entre Dar y Recibir

Un buen amor es equilibrado en términos de dar y recibir. Esto incluye:

- Reciprocidad: Ambos miembros de la pareja deben sentir que están contribuyendo y recibiendo en igual medida.

- Generosidad y Gratitud: Mostrar aprecio por los esfuerzos y contribuciones del otro y ser generoso en el amor y el apoyo.

5. Seguridad y Confianza

La confianza y la seguridad son fundamentales para el buen amor. Esto se refleja en:

- Honestidad y Transparencia: Ser sincero en las intenciones y acciones, evitando engaños o secretos.

- Fidelidad y Lealtad: Cumplir con los compromisos y ser leal a la pareja, tanto en el sentido emocional como en el práctico.

6. Crecimiento Personal y Conjunto

El buen amor promueve el crecimiento tanto individual como conjunto. Esto incluye:

- Fomento del Desarrollo Personal: Apoyar a la pareja en sus esfuerzos por mejorar y desarrollarse personalmente.
- Crecimiento de la Relación: Trabajar juntos para fortalecer la relación y superar desafíos, aprendiendo y evolucionando como pareja.

7. Alegría y Plenitud

Finalmente, el buen amor debe generar alegría y plenitud en la relación. Esto se traduce en:

- Disfrutar del Tiempo Juntos: Valorar y disfrutar los momentos compartidos.
- Cultivar la Felicidad Mutua: Trabajar para que ambos miembros de la pareja se sientan felices y realizados en la relación.

El buen amor es un equilibrio entre respeto, comunicación, apoyo, reciprocidad, confianza, crecimiento y alegría. Es una forma de amor que se construye y se nutre constantemente, y que permite a ambos miembros de la pareja sentirse valorados, apoyados y felices. En esencia, el buen amor es una experiencia enriquecedora que facilita una conexión profunda y saludable entre dos personas.

CONSTRUYENDO RELACIONES SALUDABLES

En el camino de una relación amorosa, uno de los pilares más importantes es el reconocimiento y la resolución de los conflictos. Los conflictos no deben ser vistos como amenazas, sino como una parte natural e inevitable de la vida en pareja. En lugar de evitarlos o temerles, el enfoque debe estar en la manera en que se manejan.

Desde la perspectiva de las constelaciones familiares, se comprende que los conflictos son, en su esencia, oportunidades de crecimiento y profundización del vínculo. Son momentos en los que las diferencias, heridas o dinámicas no resueltas emergen a la superficie, permitiendo a la pareja mirarlas de frente, reconociendo su origen, para luego sanarlas y superarlas. Este proceso de sanación solo es posible cuando ambos miembros están dispuestos a dialogar abierta y honestamente, buscando soluciones que beneficien a ambos. El acto de reconocer el conflicto como una puerta hacia una mayor comprensión mutua es un acto de amor y madurez. Cuando se aborda desde este lugar, se fortalece la relación en lugar de debilitarla, ya que cada desafío superado en conjunto genera una conexión más profunda y duradera.

Otro aspecto vital en las relaciones es la adaptabilidad y la flexibilidad. A medida que una relación madura, la vida trae consigo cambios inevitables: cambios personales, profesionales, familiares, de salud, entre otros. Las expectativas que una pareja tiene al inicio de la relación pueden necesitar ajustarse con el paso del tiempo. El verdadero reto reside en la capacidad de ambos para navegar juntos por esos cambios, manteniendo un espíritu de cooperación y apoyo mutuo. Si uno o ambos se aferran a ideas rígidas de cómo debe ser la relación o cómo deben comportarse, se limita el espacio para el crecimiento y la evolución. La falta de flexibilidad puede generar frustración, sensación de estancamiento e insatisfacción en la relación.

El amor es un proceso en constante cambio, y la capacidad de adaptarse a las nuevas circunstancias y a la evolución de cada uno de los miembros de la pareja es lo que permite que la relación siga floreciendo. Esta flexibilidad no significa sacrificar la esencia de uno mismo o comprometer los valores fundamentales, sino más bien estar abiertos a nuevas formas de interactuar, comunicar y ser en la relación.

Las constelaciones familiares, nos muestran que los roles y dinámicas que heredamos de nuestra familia de origen influyen en cómo nos relacionamos en pareja. La rigidez en estos roles o expectativas puede generar tensiones, pero al estar conscientes de ellos, podemos liberarnos de los patrones que limitan nuestro crecimiento.

El apoyo mutuo es fundamental en este proceso. Cuando ambos miembros se comprometen a acompañarse en las distintas etapas de la vida, apoyándose y alentándose en los momentos de cambio y desafío, el amor crece. Esto crea una conexión emocional profunda que trasciende las dificultades cotidianas, generando un espacio donde la confianza y la seguridad permiten que ambos puedan ser auténticos y vulnerables sin miedo al juicio.

Por lo tanto, construir una relación saludable es un proceso continuo que requiere tanto la capacidad de resolver conflictos de manera constructiva, como la disposición para adaptarse y evolucionar juntos. Es en ese balance entre el respeto por las diferencias y el compromiso compartido donde reside la verdadera fortaleza de una pareja. Las constelaciones familiares nos muestran que los vínculos más profundos y duraderos no son aquellos que evitan el conflicto o permanecen estáticos, sino aquellos que crecen y se transforman a través de las experiencias compartidas, manteniéndose en sintonía con las necesidades y deseos de ambos. Este es el camino hacia una relación que nutre y sostiene, no solo a nivel personal, sino también en el ámbito colectivo, contribuyendo a un tejido social más consciente y amoroso.

CONSTELANDO EL BUEN AMOR

La constelación familiar ofrece una perspectiva única para entender y mejorar las relaciones de pareja, enfocándose en las dinámicas subyacentes que influyen en la forma en que las personas se relacionan y experimentan el amor. Al constelar el buen amor en la pareja, se buscan revelar y resolver patrones y dinámicas ocultos que pueden estar afectando la calidad y la armonía de la relación. A continuación, se detalla una guía sobre cómo llevar a cabo este proceso, con un enfoque en la búsqueda de un amor sano y equilibrado.

1. *Preparación de la Constelación*

Antes de comenzar, es esencial preparar el espacio y el marco adecuado para la constelación. Esto incluye:

- Crear un Ambiente Seguro: Asegurarse de que el espacio sea cómodo y libre de distracciones. Es importante que todos los participantes se sientan seguros para expresar sus emociones y compartir sus experiencias.

- Definir el Objetivo: Clarificar el objetivo de la constelación, que en este caso es explorar y mejorar la calidad del amor en la relación de pareja. Esto puede incluir aspectos como la comunicación, la conexión emocional, la resolución de conflictos y el equilibrio en la relación.

2. Selección de los Representantes

Para constelar el buen amor en la pareja, se deben seleccionar los siguientes representantes:

- Representante de Cada Pareja: Cada uno de los miembros de la pareja tendrá un representante que reflejará sus sentimientos, necesidades y perspectivas en la relación.

- Representante del Amor Ideal: Este representante simboliza el amor pleno y equilibrado que la pareja desea alcanzar. Representa la visión del amor sano, el equilibrio y la armonía en la relación.

- Representante del padre biológico y la madre.

- Representante de las parejas anteriores, y de sus respetivas parejas.

- Representante de los Recursos: Se eligen representantes para simbolizar los recursos disponibles para la pareja, como apoyo familiar, terapia, comunicación efectiva, etc.

- Representante de las Dinámicas Ocultas: Estos representantes simbolizan las dinámicas y patrones ocultos que pueden estar influyendo en la relación, como creencias limitantes, experiencias pasadas y conflictos no resueltos.

3. Despliegue de la Constelación

El despliegue de la constelación permite observar y explorar las dinámicas en juego dentro de la relación. Este proceso incluye:

- Posicionamiento de los Representantes: Colocar a los representantes en el espacio de acuerdo con sus sentimientos y percepciones sobre su rol. Esto ayuda a visualizar las relaciones y las tensiones entre los miembros de la pareja, así como la relación con el amor ideal.

- Observación de las Interacciones: El facilitador observa cómo interactúan los representantes, prestando atención a las emociones y dinámicas que surgen. Las posiciones, movimientos y actitudes de los representantes pueden revelar conflictos subyacentes y patrones que afectan la relación.

4. Identificación de Dinámicas y Soluciones

Durante la constelación, se identifican las dinámicas subyacentes y se buscan soluciones para mejorar la relación. Este paso incluye:

- Sanación de la pareja interna (a través del padre y la madre biológicos)
- Cierre de ciclos con parejas anteriores.
- Agradecimiento a la expareja de la pareja actual.
- Exploración de Dinámicas Ocultas: Analizar cómo las dinámicas ocultas, como creencias limitantes, patrones familiares y experiencias pasadas, están influyendo en la relación de pareja. Identificar cómo estos factores pueden estar afectando el amor y la conexión entre los miembros de la pareja.
- Reconocimiento de Recursos y Apoyos: Evaluar cómo los recursos disponibles pueden ser utilizados para fortalecer la relación. Esto incluye el apoyo familiar, la terapia de pareja, y otras formas de ayuda que puedan contribuir a mejorar la calidad del amor en la relación.
- Restauración del Amor Ideal: Trabajar para alinear la relación con la visión del amor ideal. Esto puede implicar ajustes en la comunicación, la resolución de conflictos, y la creación de un equilibrio más saludable en la relación.
- Aceptación de buen amor.

5. Integración y Cierre

El proceso de integración y cierre permite consolidar los aprendizajes y resoluciones alcanzadas durante la constelación:

- Movilización de Recursos: Ayudar a la pareja a integrar los recursos identificados y a aplicar las soluciones en su vida cotidiana. Esto puede incluir la implementación de nuevas estrategias de comunicación, la búsqueda de apoyo profesional, y la adopción de prácticas que fortalezcan la relación.

- Aceptación y Compromiso: Facilitar un proceso de aceptación del amor pleno y equilibrado, y fomentar un compromiso mutuo para trabajar en la relación. Esto puede implicar afirmaciones, acuerdos y acciones concretas para mejorar la calidad del amor en la pareja.

- Cierre y Agradecimiento: Concluir la constelación con un agradecimiento a todos los representantes y un cierre que permita a la pareja sentir una sensación de resolución y claridad. Asegurarse de que ambos miembros de la pareja se sientan escuchados y validados en el proceso.

EL CIERRE DE CICLO CON UNA PAREJA

El cierre de ciclo con una pareja es un proceso profundo y transformador, especialmente cuando se busca desde una perspectiva consciente y holística, como se hace en las Constelaciones Familiares. Este proceso no solo implica la disolución de la relación en sí, sino también la integración de las experiencias vividas, las emociones surgidas y el entendimiento de las dinámicas subyacentes que guiaron la relación. Es un acto de amor propio y de respeto hacia el otro, donde la liberación y la sanación son las metas principales.

Cuando una relación llega a su fin, el primer paso crucial es reconocer y aceptar el cierre del ciclo. Este reconocimiento no siempre es fácil, ya que, el apego emocional puede generar resistencia a la idea de que la relación ha cumplido su propósito. Sin embargo, aceptar la realidad de que la relación ha concluido permite a las personas comenzar el proceso de sanación. Esta aceptación incluye la validación de las emociones que surgen, ya sea tristeza, frustración, rabia o miedo. Las Constelaciones Familiares enseñan que todas estas emociones tienen un valor y que deben ser reconocidas sin juicio, porque solo al aceptar la realidad del cierre es posible dar los primeros pasos hacia la liberación.

Las relaciones no existen en el vacío, y muchas veces están condicionadas por dinámicas familiares inconscientes o patrones repetitivos que se perpetúan de generación en generación. Entender estas dinámicas subyacentes es esencial para desentrañar por qué una relación pudo haberse desarrollado de determinada manera o por qué terminó. Aquí, las Constelaciones permiten ver si alguna situación no resuelta en el sistema familiar está influyendo. Este conocimiento no solo ayuda a sanar el vínculo con la pareja, sino que permite romper con ciclos que podrían afectar futuras relaciones.

En el trabajo con representantes en una sesión de constelaciones, es posible visualizar la dinámica entre los dos miembros de la pareja desde una nueva perspectiva. A través de los representantes, se puede observar cómo cada uno ha estado conectado con su rol en la relación y cómo han influido los factores externos o familiares en la misma. Esto puede incluir no solo la influencia directa de los padres o la familia de origen, sino también la proyección de expectativas no cumplidas, las influencias sociales, o la repetición de patrones que ya se han visto en otras relaciones familiares.

El ritual de despedida es una parte fundamental del cierre de ciclo. Este acto simbólico permite que, a nivel emocional, mental y espiritual, ambos miembros de la pareja puedan liberarse mutuamente con gratitud y respeto. No se trata solo de una ruptura fría, sino de un acto de profundo reconocimiento por el tiempo compartido, las lecciones aprendidas y los momentos vividos juntos. Un ritual puede ser tan sencillo como escribir una carta de agradecimiento, en la que ambos expresen lo positivo de la relación, las enseñanzas que deja, y luego quemarla para simbolizar la liberación y el soltar. También puede incluir una meditación o visualización donde se realiza una despedida consciente del otro, deseándole luz y bienestar en su camino.

Sanar las heridas que quedaron abiertas es otro paso esencial. Las relaciones, aunque llenas de amor y de momentos de felicidad, pueden dejar heridas emocionales que necesitan ser abordadas. Es aquí donde las Constelaciones invitan a observar esas heridas desde una perspectiva de perdón y compasión. Perdonar no solo a la otra persona, sino también a uno mismo, es parte del proceso de sanación. En muchos casos, el resentimiento o la culpa pueden atar a las personas a su pasado, impidiéndoles avanzar con libertad. El cierre de ciclo debe incluir este acto de perdón liberador, donde se suelta lo que ya no sirve y se permite que el dolor se transforme en aprendizaje y fortaleza.

Una vez que las heridas comienzan a sanar, es crucial afirmar nuevas intenciones para el futuro. Tras la liberación emocional de la relación, cada individuo tiene la oportunidad de reconstruirse, de redefinir quién es y qué quiere para su vida. Aquí se pueden establecer metas y objetivos basados en los aprendizajes de la relación terminada. Este paso incluye abrirse a nuevas oportunidades y posibilidades que el universo presenta, sin el peso de las cargas del pasado.

Finalmente, el proceso de cierre de ciclo concluye con la integración de las lecciones aprendidas. Cada relación, independientemente de cómo termine, trae consigo enseñanzas valiosas. En las Constelaciones Familiares, se considera esencial que estas lecciones se integren en la vida de cada persona, permitiendo que sirvan como base para el crecimiento personal y la expansión de la conciencia. Es un acto de reflexión profunda, donde se reescribe la narrativa de lo vivido, no como una historia de dolor o pérdida, sino como un capítulo de crecimiento y aprendizaje.

Al completar el cierre de ciclo con una pareja, cada individuo sale fortalecido, con mayor claridad y paz interna. El ciclo de vida continúa, y nuevas oportunidades de amor, crecimiento y conexión se presentan, permitiendo que la evolución personal continúe en un marco de conciencia y equilibrio.

Constelar el cierre de ciclo con una pareja a través de las Constelaciones Familiares implica un proceso integral que abarca el reconocimiento del fin de la relación, la comprensión de las dinámicas subyacentes, la realización de rituales de despedida, la sanación de heridas emocionales, la afirmación de nuevas intenciones y la integración de las lecciones aprendidas.

ACTO DE PSICOMAGIA PARA CERRAR UN CICLO DE UNA RELACIÓN

El propósito de este acto es ayudar a la persona a cerrar de manera simbólica y emocional el ciclo de una relación que ya terminó, liberarse de las energías negativas asociadas a la relación y permitir la apertura hacia nuevas posibilidades de amor y crecimiento.

Materiales Necesarios

- Dos velas blancas: Representan la pureza y la nueva luz que iluminará el camino hacia la liberación.

- Una hoja de papel y un bolígrafo: Para escribir y expresar los sentimientos.

- Un recipiente con agua: Simboliza la purificación.

- Una caja pequeña o una bolsa: Para simbolizar el cierre y la liberación.

- Un objeto personal que represente la relación (por ejemplo, una foto, un regalo de la pareja, etc.): Esto sirve como símbolo de la relación que se está cerrando.

Pasos del Acto de Psicomagia

- Encuentra un lugar tranquilo y sin distracciones. Puedes poner música suave o encender incienso si lo prefieres.

- Toma la hoja de papel y escribe una carta a tu expareja. Expresa en la carta todo lo que necesitas decir, tanto lo positivo como lo negativo. Incluye tus sentimientos, gratitud por lo aprendido y cualquier resentimiento que necesites liberar. No te preocupes por la perfección de la escritura; lo importante es que expreses tus emociones auténticamente.

- Coloca las dos velas frente a ti, una a la izquierda y otra a la derecha. Enciéndelas y deja que la luz simbolice la claridad y la nueva luz en tu vida. Mientras lo haces, di en voz alta: "Con esta luz, ilumino mi camino hacia la sanación y el cierre. Dejo ir todo lo que ya no me sirve."

- Lee la carta en voz alta, prestando atención a cada palabra. Luego, quema la carta en un recipiente seguro, como una bandeja de metal o una olla, con la intención de liberar las emociones y los vínculos asociados a la relación. Mientras la carta se consume, observa cómo el humo se disipa, llevando tus palabras hacia el universo para su sanación.

- Toma el objeto personal que representa la relación y sumérgelo en el recipiente con agua. Mientras el objeto está sumergido, di:*"Purifico el pasado. Dejo que el agua lave cualquier residuo de dolor y resentimiento. Este ciclo se cierra ahora."*

- Una vez que el objeto ha estado en el agua, sácalo y colócalo en la caja o bolsa. Cierra la caja o bolsa y visualiza cómo estás cerrando simbólicamente el ciclo de la relación. Mientras lo haces, di:

- "Coloco el pasado en este contenedor, y con esto, cierro este ciclo. Estoy listo para abrirme a nuevas oportunidades y a la sanación."

Cierre:

- Deja que las velas se consuman por completo o apágalas cuando lo consideres adecuado, agradeciendo la claridad que te han brindado durante el proceso.

- Vierte el agua utilizada en una planta o en la tierra, como símbolo de que estás devolviendo la energía transformada al universo para su renovación.

Reflexión Final

- Este acto de psicomagia te permite soltar simbólicamente los vínculos emocionales y las cargas asociadas a una relación pasada. El proceso de escribir, quemar, purificar y cerrar ayuda a materializar el cierre emocional y abrir espacio para nuevas experiencias en tu vida.

- Recuerda que la sanación es un proceso continuo y que este acto es una herramienta que complementa el trabajo interno y la reflexión personal. Te invito a utilizar este ritual con la intención de avanzar hacia una mayor paz interior y apertura hacia el futuro.

II. PADRES E HIJOS

"Los padres dan, los hijos toman. Esta es la ley fundamental del amor en la familia."
Bert Hellinger

Esta reflexión destaca la profunda importancia de aceptar y honrar lo que recibimos de nuestros padres, ya que ellos son la fuente de nuestra vida y de muchos de nuestros recursos emocionales y psicológicos. En el enfoque de las Constelaciones Familiares, se subraya la necesidad de que los hijos acepten lo dado, sin juzgar ni intentar devolver en igual medida, para mantener un equilibrio saludable y fomentar una dinámica armoniosa en el sistema familiar.

A través de la constelación, es posible restaurar el orden natural y reestablecer el flujo de amor entre los miembros de la familia. En este artículo, profundizaremos en aspectos clave relacionados con la relación entre padres e hijos, el movimiento interrumpido, la maternidad interrumpida, el amor mágico, la pérdida de la paternidad y cómo las Constelaciones Familiares pueden influir positivamente en la vida de los niños.

La relación entre padres e hijos es fundamental para el sistema familiar. Según Bert Hellinger, los padres representan el origen, la vida y el sentido de pertenencia para sus hijos. Esta conexión es la base sobre la cual se construyen la identidad y el desarrollo de cada individuo. Sin embargo, con frecuencia surgen conflictos y malentendidos debido a expectativas no cumplidas, heridas no resueltas o patrones transgeneracionales que se repiten.

En el contexto de las Constelaciones Familiares, el trabajo se enfoca en restablecer el equilibrio y el respeto dentro de la relación padre-hijo. Los padres son reconocidos como "los grandes", mientras que los hijos deben ocupar su lugar como "los pequeños". Esta jerarquía natural es esencial para que el amor y el respeto fluyan correctamente. Cuando los hijos asumen roles parentales o se sienten responsables del bienestar de sus padres, se produce un desorden que puede derivar en problemas emocionales y de comportamiento.

Cuando un individuo logra estar en paz con su sistema familiar y acepta a sus padres tal como son, se alinea con su historia personal y con el entorno en el que ha crecido. Este estado de aceptación permite manifestar una autenticidad profunda y una sensación de unidad que resuena en su vida cotidiana. Aceptar plenamente a los padres es integrarse de manera completa con el sistema familiar, lo que irradia una sensación de equilibrio y autenticidad en todas las áreas de la vida.

Entre los patrones que pueden afectar la relación entre padres e hijos, destacan:
- **Rechazo de los padres:** Cuando los hijos se niegan a aceptar a sus padres tal como son, se interrumpe el flujo natural de la relación familiar. Este rechazo puede surgir en contextos de divorcios, adopciones o separaciones prolongadas, provocando una desconexión esencial con el sistema de origen.
- **Maltrato o abuso:** En situaciones donde los padres imponen experiencias dañinas a sus hijos, estos pueden aceptar el sufrimiento por lealtad o por falta de alternativas. En los casos donde los roles se invierten, los padres pueden exigir de los hijos aquello que no están dispuestos a ofrecer, lo que afecta gravemente la dinámica familiar.
- **Asunción de roles parentales por parte de los hijos:** Cuando los hijos asumen responsabilidades que corresponden a los padres, como la carga de demandas emocionales o materiales excesivas, se distorsiona el equilibrio natural. Esta dinámica disfuncional afecta tanto a los padres, que reciben sin dar, como a los hijos, que dan sin recibir, lo que perpetúa un desorden en la relación.

La sanación y el restablecimiento del orden familiar se logran cuando los hijos aprenden a aceptar a sus padres, y los padres asumen su rol con responsabilidad. Esta aceptación mutua permite que el orden y la armonía se restauren en la familia, creando un ambiente donde todos los miembros pueden desarrollarse y prosperar.

MOVIMIENTO INTERRUMPIDO

El "movimiento interrumpido" es un término utilizado en las Constelaciones Familiares para describir una ruptura en el flujo natural de amor y conexión entre padres e hijos. Esta interrupción puede ocurrir por diversas razones, como la separación temprana, enfermedades, ausencia emocional, rechazo, o cualquier situación que impida que el niño sienta una conexión segura y amorosa con sus padres. Cuando un niño experimenta un movimiento interrumpido hacia su madre o padre, puede desarrollar una profunda sensación de pérdida, abandono y desconexión emocional.

Esta ruptura en la conexión puede manifestarse de diferentes maneras en la vida del individuo, afectando su capacidad para establecer relaciones sanas y seguras, y generando patrones de comportamiento que reflejan esta falta de seguridad emocional. Por ejemplo, puede llevar a dificultades en la confianza, problemas de autoestima, o una tendencia a buscar relaciones que repitan estas dinámicas de abandono o rechazo.

En las Constelaciones Familiares, se aborda el movimiento interrumpido mediante un proceso de reconexión simbólica con el progenitor. Este proceso implica ejercicios y rituales que permiten al individuo experimentar un "movimiento hacia" el padre o la madre, restaurando así el vínculo roto. Este trabajo simbólico y energético ayuda a sanar la herida de la desconexión, permitiendo que el amor y la conexión vuelvan a fluir de manera natural.

Durante una constelación, el facilitador puede guiar al individuo a través de un proceso en el que visualiza y siente la presencia del padre o la madre, reconociendo y aceptando el amor que estuvo disponible, aunque no se haya percibido o recibido completamente en su momento. Este acto de reconocimiento y aceptación es crucial para liberar la energía atrapada en la herida del movimiento interrumpido.

Beneficios del Proceso

La sanación del movimiento interrumpido es esencial para la integración del yo y el bienestar emocional. Al restablecer el flujo de amor y conexión con los padres, los individuos pueden sanar patrones de comportamiento autodestructivos, mejorar sus relaciones y desarrollar una mayor autocomprensión y autoestima. Este proceso permite que el amor que estaba bloqueado o interrumpido se libere, creando un sentido más profundo de pertenencia y seguridad.

MATERNIDAD INTERRUMPIDA

La *maternidad interrumpida* se refiere a una separación prolongada y completa entre la madre y el hijo que ocurre por cualquier causa durante los primeros dos años de vida del niño, particularmente cuando esta separación dura más de siete días continuos. Este periodo es crucial, ya que el vínculo entre madre e hijo en los primeros años es fundamental para el desarrollo emocional y psicológico del niño. En situaciones donde esta conexión se interrumpe de manera abrupta o prolongada, puede afectar gravemente el flujo natural de la energía amorosa entre ambos.

Cuando ocurre esta interrupción, el hijo, al principio, busca instintivamente a la madre. Lo hará con la mirada, con llanto o gestos que intentan llamar su atención. Este es un proceso natural de dependencia, donde el niño espera la presencia constante y reconfortante de su madre. Sin embargo, si la madre no aparece o no responde a estas señales durante un periodo prolongado, el niño comenzará a sentir una profunda sensación de desconcierto, que con el tiempo puede transformarse en decepción o incluso en una percepción inconsciente de traición.

Este proceso es lento y gradual. En los primeros días, el hijo intentará de forma insistente obtener la atención de su madre. La búsqueda de contacto puede manifestarse de diversas maneras: lloros intensos, inquietud o momentos de aparente calma seguidos de nuevas oleadas de llanto. Sin embargo, a medida que pasan los días y la ausencia persiste, el niño empezará a resignarse, disminuyendo paulatinamente sus esfuerzos. Al cabo de aproximadamente siete días, el niño finalmente desistirá de su búsqueda.

El impacto de esta separación no solo se limita al corto plazo. A nivel emocional, esta renuncia puede dejar una huella profunda en el desarrollo del niño, afectando su capacidad para formar vínculos seguros en el futuro. Sentimientos de abandono, inseguridad o incluso dificultades para confiar en las relaciones cercanas son algunas de las posibles secuelas. Esta dinámica no implica que el niño conscientemente culpe a su madre, pero su sistema emocional se ajusta a la realidad de la ausencia, creando patrones de respuesta que podrían persistir durante su vida adulta.

Ejemplos de maternidad interrumpida pueden encontrarse en diversas situaciones: una hospitalización prolongada de la madre después del parto, circunstancias en las que el bebé es separado de ella debido a complicaciones médicas o incluso situaciones de adopción temprana. En todos estos casos, el niño experimenta una desconexión emocional que, si no se aborda y sana de manera adecuada, puede convertirse en una herida emocional significativa.

En las Constelaciones Familiares, se trabaja profundamente en estos casos de *maternidad interrumpida*, buscando restablecer el flujo amoroso entre madre e hijo, aunque la interrupción haya ocurrido hace muchos años. Mediante este proceso, se pueden sanar las dinámicas que surgieron como resultado de la separación, permitiendo que el amor y la conexión entre ambos se restablezcan de forma saludable y equilibrada.

EL AMOR MÁGICO

El concepto de "amor mágico" en el contexto de las relaciones familiares, particularmente en las Constelaciones Familiares, se refiere a la creencia profundamente arraigada en los niños de que el amor incondicional hacia sus padres tiene el poder de sanar todas las heridas y superar cualquier dificultad. Este amor infantil, puro y sin condiciones, es una expresión natural de la conexión que los hijos sienten hacia sus progenitores, incluso en circunstancias adversas o dolorosas, como en familias con dinámicas disfuncionales, traumas o sufrimientos no resueltos.

Un niño puede, por ejemplo, llegar a creer que si ama lo suficiente a sus padres, podrá cambiar su comportamiento, aliviar su sufrimiento o resolver problemas profundos como adicciones, enfermedades emocionales o conflictos no resueltos dentro del sistema familiar. Esta creencia, aunque comprensible desde la perspectiva infantil, coloca sobre los hombros del niño una carga emocional que no le corresponde, y que resulta insostenible a lo largo del tiempo. El niño, en su afán de "salvar" o "rescatar" a sus padres, puede sacrificarse, reprimiendo sus propias necesidades, deseos o identidad.

En las Constelaciones Familiares, se aborda este fenómeno liberando al hijo de la ilusión de que puede o debe asumir un papel de salvador en su familia. Este trabajo terapéutico busca restablecer el orden natural, donde los padres son los responsables del bienestar familiar y los hijos pueden ocupar su lugar de "pequeños", libres de cargas que no les corresponden. Por ejemplo, un hijo que ha crecido viendo a su madre sufrir por una relación problemática con su pareja, puede asumir inconscientemente el rol de protector, creyendo que es su responsabilidad cuidar de ella emocionalmente. Este tipo de desorden sistémico no solo afecta el bienestar emocional del hijo, sino que también perpetúa un ciclo de disfunción dentro del sistema familiar.

El reconocimiento de los límites del "amor mágico" es un paso esencial hacia la madurez emocional. Los hijos, al comprender que no pueden cambiar o "arreglar" la vida de sus padres, empiezan a aceptar a sus progenitores como seres humanos con sus propias historias, limitaciones y desafíos. Este proceso de aceptación implica ver a los padres en su totalidad, con sus fortalezas y debilidades, y renunciar a la fantasía infantil de que el amor puede eliminar todos los problemas. Un ejemplo clásico es el hijo que, tras años de intentar sanar la depresión de su madre, se da cuenta de que su amor, aunque importante, no puede reemplazar el proceso terapéutico o médico que su madre necesita para sanar.

La madurez emocional se alcanza cuando el hijo puede devolver a los padres su responsabilidad por sus propias vidas, sin dejar de amarlos, pero reconociendo que él mismo tiene el derecho de vivir su propia vida sin estar cargado por los problemas no resueltos de su sistema familiar. En este sentido, las Constelaciones Familiares ofrecen una herramienta valiosa para reestablecer el equilibrio y permitir que el amor fluya de manera saludable, sin las distorsiones del "amor mágico".

Este proceso de separación emocional y aceptación también permite que el hijo reconozca sus propios límites y fortalezas, desarrollando una identidad más auténtica y liberada de la necesidad de "curar" o "rescatar" a los demás. En última instancia, el objetivo de este trabajo es permitir que tanto padres como hijos puedan vivir en paz con sus propios destinos, respetando la individualidad y la autonomía de cada uno, mientras se mantiene el amor y la conexión que les une en un contexto más saludable y equilibrado.

El "amor mágico" puede parecer noble desde la perspectiva de un niño, pero es crucial comprender que el verdadero equilibrio familiar se logra cuando cada miembro ocupa su lugar adecuado, y cuando los hijos pueden liberarse de la responsabilidad de sanar las heridas de sus padres, aceptándolos con amor, pero sin la carga de querer cambiarles.

.

CUANDO EL PADRE/MADRE NO VIVE SU VIDA

"Cuando uno de los padres no vive su vida, sus hijos sienten una profunda tristeza y una carga que no les corresponde. Ellos se ven obligados a tomar su lugar y vivir lo que el padre no vivió, arrastrando consigo el dolor y la insatisfacción que el padre dejó."

Bert Hellinger

Cuando uno de los padres no vive su vida de manera auténtica, sus hijos suelen experimentar una profunda tristeza y una carga emocional que no les pertenece. En lugar de crecer en libertad, se ven empujados a ocupar el lugar vacío que el padre o la madre ha dejado al no seguir su propio camino. Esta situación genera un impacto profundo en el sistema familiar, ya que los hijos arrastran el dolor, la insatisfacción y las expectativas no resueltas de sus progenitores, afectando su propio desarrollo y bienestar.

Bert Hellinger, el creador de las Constelaciones Familiares describe este fenómeno como una transferencia de roles no asumidos por los padres hacia los hijos. En otras palabras, cuando uno de los padres decide, consciente o inconscientemente, no vivir su vida, sus hijos suelen intentar hacerlo por ellos, lo que genera dinámicas disfuncionales y un desequilibrio emocional dentro de la familia. Estas dinámicas pueden manifestarse de múltiples maneras.

Primero, los hijos suelen sentir una responsabilidad que no les corresponde. Al percibir que uno de los padres ha dejado de lado su vida o no ha cumplido con su propósito, los hijos, por lealtad familiar inconsciente, sienten que deben compensar esta falta. Este fenómeno los lleva a asumir roles de adultos prematuramente, cargando con expectativas y frustraciones que pertenecen a sus padres, lo que puede generar una sobrecarga emocional. Por ejemplo, un hijo puede esforzarse por lograr metas profesionales o personales que el padre no alcanzó, sacrificando sus propios deseos y necesidades en el proceso.

Además, la falta de autenticidad de los padres genera conflictos internos en los hijos. Cuando los padres no siguen su camino propio, transmiten un mensaje de incertidumbre y confusión sobre el sentido de la vida. Los hijos, al crecer en este entorno, pueden interiorizar esta ambivalencia y experimentar dificultades para definir su propia identidad y propósito. Esta falta de claridad también puede crear un ambiente de desestabilización en toda la familia, donde los miembros luchan por encontrar un sentido de pertenencia y dirección.

Otra consecuencia significativa es la lealtad familiar. En las Constelaciones Familiares, se observa que los hijos pueden desarrollar una lealtad inconsciente hacia los padres que no han vivido plenamente. Esto significa que los hijos, en su esfuerzo por ser leales, pueden reprimir sus propias aspiraciones o deseos, y en ocasiones, incluso sabotear su propio éxito para no superar a sus padres. Esta lealtad invisible perpetúa el ciclo de insatisfacción y evita que tanto los padres como los hijos se liberen de las cargas emocionales no resueltas.

Las expectativas no cumplidas también juegan un papel importante en estas dinámicas. Los padres que no han alcanzado ciertos objetivos o que sienten que han fracasado en alguna área de sus vidas, tienden a proyectar estas expectativas no realizadas en sus hijos. Así, los hijos pueden sentir una presión intensa para cumplir con lo que los padres no lograron, independientemente de si estas expectativas están alineadas con sus propios deseos o capacidades. Esta proyección genera una tensión interna en los hijos, quienes sienten que deben cumplir con un mandato que no les pertenece, lo que puede afectar su salud emocional y bienestar a largo plazo.

Otro aspecto que emerge de esta falta de autenticidad parental es la desconexión emocional. Los padres que no viven plenamente suelen estar emocionalmente ausentes, lo que dificulta el establecimiento de vínculos profundos con sus hijos. Esta desconexión puede manifestarse en una falta de comunicación, comprensión y apoyo emocional, lo que crea barreras en las relaciones familiares y, genera resentimientos y distanciamiento.

Por otro lado, los hijos de padres que no han seguido su propio camino pueden emprender una búsqueda constante de sentido y propósito. Esta búsqueda, aunque inicialmente parezca positiva, frecuentemente está motivada por el deseo de llenar el vacío dejado por el padre. Los hijos intentan lograr metas o aspiraciones que el padre no consiguió, pero lo hacen desde un lugar de compensación, lo que puede llevar a un sentimiento persistente de insatisfacción, incluso cuando logran sus propios éxitos.

Finalmente, uno de los efectos más profundos de esta dinámica es la herencia de patrones negativos. Los hijos no solo asumen los roles y expectativas de los padres, sino que también pueden heredar sus patrones de comportamiento disfuncionales. Por ejemplo, si un padre ha vivido con miedo al fracaso o ha evitado tomar decisiones importantes, es probable que los hijos repliquen estos mismos patrones en sus propias vidas, perpetuando así un ciclo de estancamiento emocional y psicológico en las generaciones futuras.

En conclusión, cuando uno de los padres no vive su vida con autenticidad, las consecuencias para los hijos y para el sistema familiar son profundas. Las Constelaciones Familiares permiten observar y sanar estas dinámicas, restaurando el equilibrio y permitiendo que cada miembro de la familia ocupe su lugar correcto. La sanación comienza cuando los hijos pueden liberar la carga de vivir la vida de sus padres, permitiendo que tanto ellos como sus progenitores vivan sus propias vidas de manera plena y auténtica.

.

EJEMPLOS DE FRASES SANADORAS PARA ESTAS IMPLICACIONES:

- Para la Carga en los Hijos: "Te libero de la carga de vivir mi vida por mí. Toma tu propio camino y sigue tus propios sueños."

- Para Conflictos Internos: "Acepto que cada uno de nosotros tiene su propio camino. Mi vida es mi responsabilidad, y la tuya es la tuya."

- Para Lealtades Divididas: "Reconozco tu lugar en la familia, y permito que vivas tu vida sin la carga de mis expectativas no cumplidas."

- Para Expectativas No Cumplidas: "Tú eres libre de seguir tu propio camino. No necesito que cumplas mis expectativas no alcanzadas."

- Para Desconexión Emocional: "Te veo y te acepto tal como eres. Permítete ser tú mismo, y yo me conectaré contigo desde mi autenticidad."

- Para Búsqueda de Sentido: "Toma tu propio sentido y propósito. No es necesario que busques compensar lo que yo no logré."

- Para Herencia de Patrones Negativos: "Te libero de los patrones que yo no pude resolver. Toma lo que es útil y deja lo que no lo es."

- Estas frases buscan restaurar el equilibrio y la armonía en el sistema familiar, permitiendo que cada miembro ocupe su lugar y viva su vida auténticamente.

LA INTERRUPCIÒN DEL EMBARAZO

La interrupción del embarazo es una experiencia profundamente significativa que puede tener un impacto duradero en la pareja, tanto a nivel emocional como relacional. En el contexto de las Constelaciones Familiares, este tema se explora a través de las dinámicas de la familia y las implicaciones que pueden surgir en la pareja tras la interrupción. A continuación, se exploran estos aspectos con profundidad.

La interrupción del embarazo puede generar una serie de emociones intensas en ambos miembros de la pareja. Estas emociones pueden incluir tristeza, culpa, alivio o confusión. La forma en que cada miembro de la pareja maneje estas emociones puede influir en su relación. A veces, los sentimientos no compartidos o mal gestionados pueden llevar a una distancia emocional o conflictos.

La culpa y el arrepentimiento son comunes después de una interrupción del embarazo. Estos sentimientos pueden ser internalizados por ambos miembros de la pareja, generando conflictos internos que afectan la dinámica relacional. Los miembros de la pareja pueden experimentar sentimientos de insuficiencia o fracaso, lo que puede llevar a una comunicación deficiente y malentendidos.

Este acontecimiento puede afectar la intimidad física y emocional entre la pareja. La experiencia puede llevar a una disminución en el deseo sexual o a una mayor distancia emocional. La pareja puede necesitar tiempo para procesar sus sentimientos y encontrar maneras de reconectar.

La interrupción del embarazo puede llevar a una reevaluación de los planes futuros y de las metas de la pareja. Puede haber un cambio en las prioridades o en las expectativas sobre la familia. Este ajuste puede ser desafiante y requerir un diálogo abierto y honesto.

IMPLICACIONES

En las Constelaciones Familiares, la interrupción del embarazo tiene diversas implicaciones que afectan profundamente la dinámica familiar. Uno de los primeros pasos en este proceso es el reconocimiento del evento, donde se explora cómo esta pérdida ha influido en la relación de la pareja y en la estructura emocional del sistema familiar. Este reconocimiento implica darle un lugar a la experiencia de la pérdida, aceptando su impacto en ambos miembros de la pareja y en su relación.

Las Constelaciones revelan lealtades inconscientes que pueden haberse generado a raíz de la interrupción del embarazo. Estas lealtades, que los miembros de la pareja pueden no ser conscientes de estar manteniendo, pueden manifestarse en la repetición de patrones familiares relacionados con la culpa, el dolor o la pérdida. Por ejemplo, uno o ambos miembros de la pareja podrían estar replicando dinámicas no resueltas de generaciones anteriores, perpetuando el sufrimiento y el distanciamiento emocional.

A través de las técnicas de constelación, se puede facilitar un proceso de *reparación y sanación* para la pareja, donde se exploran las heridas emocionales vinculadas a la interrupción. Este proceso puede incluir la expresión de la pérdida, el perdón mutuo y la posibilidad de redefinir la relación de manera más consciente. El enfoque está en permitir que la pareja reconozca y acepte lo ocurrido, liberándose de los patrones inconscientes que le atan al pasado.

Finalmente, las Constelaciones ayudan a la pareja a *reconectarse con su propio ciclo de vida*, integrando el evento como parte de su historia sin que esta interrupción los limite en el futuro. Al integrar la pérdida y sus implicaciones emocionales, la pareja puede encontrar un equilibrio entre sus deseos, necesidades y la experiencia vivida, abriendo espacio para una nueva comprensión y un vínculo más auténtico en la relación.

La interrupción del embarazo es una experiencia que influye profundamente en la pareja, tanto emocional como relacionalmente.
Comprender y abordar estos efectos a través de las Constelaciones Familiares puede ser una forma poderosa de encontrar sanación y reconexión.
La exploración de estas dinámicas ayuda a la pareja a navegar por el mar de sus sentimientos, mejorar la comunicación y fortalecer su relación a medida que avanzan hacia el futuro.

EL ALCANCE DE LAS CONSTELACIONES Y LA PAREJA

El alcance de las Constelaciones Familiares en una relación de pareja no tiene como objetivo primordial preservar la relación a toda costa o evitar su disolución. En cambio, su propósito está condicionado a ciertos principios fundamentales. En primer lugar, es necesario que la relación cuente con una base sólida sobre la cual trabajar, es decir, que existan elementos que valgan la pena "rescatar" y que ambos miembros de la pareja estén dispuestos a explorar. El terapeuta no está ahí para imponer una solución ni para tomar decisiones en nombre de la pareja; su función es facilitar un espacio en el que las dinámicas subyacentes y las implicaciones ocultas de la relación se hagan visibles.

En este proceso, el terapeuta actúa como un guía, ayudando a la pareja a identificar y comprender los patrones relacionales que puedan estar afectando su vínculo. A través de una exploración profunda y honesta, se buscan posibles soluciones, pero es crucial señalar que la decisión final sobre cómo proceder siempre recae en los miembros de la pareja. El terapeuta facilita el proceso, pero no dirige las acciones.

Para que este enfoque funcione, es indispensable que ambos integrantes de la pareja estén comprometidos con el proceso y dispuestos a embarcarse en un viaje de aprendizaje profundo. Esto implica una apertura total y el coraje necesario para confrontar las dificultades de la relación, así como la disposición para trabajar tanto en la transformación personal como en la relacional. Si ambos asumen esta responsabilidad con seriedad y están dispuestos a explorar activamente las soluciones que se vayan revelando durante las sesiones, entonces existe una posibilidad real de renovación y crecimiento en la relación. El éxito de este proceso no depende de mantener la relación a toda costa, sino de la voluntad de ambos para descubrir si su vínculo puede transformarse de manera constructiva.

.

III. LA NIÑEZ

La niñez es una fase fundamental en la construcción de la identidad y el desarrollo emocional de una persona. Desde la perspectiva de las Constelaciones Familiares, los niños son particularmente sensibles a las dinámicas no resueltas y a los conflictos ocultos dentro del sistema familiar. Estas tensiones pueden manifestarse en problemas de comportamiento, dificultades emocionales o incluso en obstáculos en el aprendizaje. Los patrones familiares disfuncionales pueden influir de manera significativa en el bienestar del niño, afectando su capacidad para desarrollarse plenamente.

Cada etapa de la infancia trae consigo retos específicos y oportunidades para el crecimiento. Las Constelaciones Familiares ofrecen a los padres y cuidadores una herramienta valiosa para comprender mejor las necesidades emocionales y psicológicas de los niños, así como para identificar y sanar cualquier desajuste en el sistema familiar que pueda estar obstaculizando su desarrollo. Durante la infancia, desde el nacimiento hasta los tres años, el niño comienza a formar sus primeros vínculos afectivos y a construir una base de seguridad emocional. Cualquier trauma o conflicto en el entorno familiar durante esta fase puede interferir en su capacidad para desarrollar un apego seguro con sus cuidadores, generando inseguridades que podrían perdurar en su vida adulta.

En la niñez temprana, entre los cuatro y siete años, los niños empiezan a explorar su identidad y a experimentar con su independencia. Es en esta etapa cuando se vuelven más conscientes de sí mismos y de su entorno, y donde las influencias familiares, tanto positivas como negativas, pueden tener un impacto profundo en su autoconfianza y en su habilidad para relacionarse con los demás. Si hay expectativas familiares no expresadas o conflictos soterrados, estos pueden afectar su comportamiento y su forma de interactuar con el mundo.

A medida que los niños entran en la niñez media, entre los ocho y doce años, comienzan a asumir roles más definidos tanto en su familia como en la sociedad. Durante este periodo, es común que surjan conflictos internos derivados de lealtades invisibles hacia los padres u otros miembros de la familia. Las Constelaciones pueden ayudar a los niños a liberarse de estos mandatos no conscientes que limitan su desarrollo personal y les permiten alinearse con su propio camino.

Finalmente, en la adolescencia, entre los trece y dieciocho años, los jóvenes se enfrentan al desafío de redefinir su identidad y de encontrar su lugar en el mundo. Es un periodo de intensa autodefinición y exploración, donde los conflictos generacionales y las dinámicas de poder dentro de la familia suelen intensificarse. Las Constelaciones Familiares son especialmente útiles en esta etapa para abordar los problemas relacionados con la autoridad, la rebeldía y la lucha por la autonomía, permitiendo que el adolescente transite hacia la adultez de una manera más equilibrada y consciente.

En resumen, cada fase de la niñez presenta tanto desafíos como oportunidades para el desarrollo emocional. Las Constelaciones Familiares pueden iluminar las influencias ocultas y los patrones heredados que impactan la vida de los niños, brindando a las familias la posibilidad de sanar y crear un ambiente más armonioso para el crecimiento y el bienestar de todos sus miembros.

.

PROBLEMAS DE CONDUCTA

Los problemas de conducta en los niños pueden manifestarse de diversas maneras, como agresividad, desobediencia, hiperactividad, retraimiento, dificultades académicas o problemas en las relaciones con compañeros y adultos. Estos comportamientos no son meramente episodios aislados, sino que reflejan desequilibrios profundos dentro del sistema familiar. En muchos casos, los niños actúan como portavoces inconscientes de las tensiones, conflictos o emociones no resueltas que subyacen en su entorno familiar.

Un factor importante en estos problemas es la lealtad inconsciente que los niños pueden sentir hacia ciertos miembros de su familia. Por ejemplo, un niño que se identifica con un padre que se siente impotente o marginado puede exhibir conductas rebeldes o agresivas. Del mismo modo, los conflictos no resueltos entre los padres suelen tener un impacto considerable en los hijos, quienes internalizan la tensión y la expresan a través de su comportamiento. En ocasiones, los niños intentan asumir el rol de pacificadores o chivos expiatorios, cargando con las dificultades de los padres.

Las experiencias traumáticas no resueltas de generaciones anteriores también pueden influir en el comportamiento de los niños. Situaciones como guerras, pérdidas trágicas o abusos experimentados por ancestros pueden generar patrones de conducta en las generaciones más jóvenes, quienes, sin ser conscientes de ello, cargan con las emociones no procesadas de sus predecesores.

Otro factor significativo es la pérdida o separación de un ser querido, ya sea por divorcio, muerte o abandono. Estos eventos pueden provocar en los niños sentimientos de inseguridad, miedo o ira, que se manifiestan en problemas de conducta. Además, las expectativas poco realistas o las presiones excesivas impuestas por los padres o la sociedad pueden generar ansiedad y estrés en los niños, llevándolos a comportamientos disruptivos debido a la sensación de no poder cumplir con dichas expectativas.

En el enfoque de las Constelaciones Familiares, se abordan estos problemas de conducta explorando las dinámicas ocultas y los patrones sistémicos que subyacen en el comportamiento del niño. El facilitador trabaja para identificar las fuerzas invisibles que afectan la vida del niño, como lealtades familiares ocultas, conflictos entre los padres, traumas transgeneracionales o presiones inadecuadas.

Durante la constelación, se eligen representantes para el niño, sus padres y otros miembros relevantes del sistema familiar, incluidos aquellos cuya exclusión o historia no reconocida podría estar influyendo en el comportamiento del niño. Esta representación permite visualizar las relaciones y dinámicas entre los miembros de la familia, sacando a la luz las tensiones ocultas que están impactando al niño.

Uno de los objetivos clave es reconocer y validar las experiencias y emociones de todos los involucrados. Esto implica expresar sentimientos no resueltos, dar espacio al dolor por pérdidas o traumas pasados, y validar las necesidades emocionales del niño. La restauración del equilibrio en el sistema familiar es esencial; se busca devolver a cada miembro su rol adecuado, separar las experiencias del niño de los conflictos de los padres, y reintegrar a cualquier miembro de la familia que haya sido excluido o ignorado.

A través de frases sanadoras y rituales simbólicos, se facilita la expresión de las emociones contenidas y se permite que los miembros de la familia procesen sus experiencias. Esto puede incluir el reconocimiento de sacrificios hechos por otros miembros, la liberación de lealtades invisibles que causan dolor y la restauración de las conexiones amorosas entre los miembros del sistema familiar. De este modo, se logra no solo la sanación del niño, sino también un equilibrio y una armonía más profundos en todo el sistema familiar.

EJEMPLO DE CASO: PROBLEMAS DE CONDUCTA Y LEALTADES INVISIBLES

Un ejemplo típico de problemas de conducta relacionados con *lealtades invisibles* es el caso de un niño que exhibe comportamientos agresivos o desafiantes tanto en la escuela como en el hogar. A simple vista, estos comportamientos podrían atribuirse a una fase de rebeldía o a dificultades en el entorno familiar, pero a través de una constelación familiar, se puede descubrir una conexión más profunda y oculta. En este escenario, se revela que el niño está manifestando una lealtad invisible hacia su abuelo, quien fue soldado en la guerra y nunca pudo expresar el trauma y la ira acumulados durante esa experiencia. El nieto, sin ser consciente de ello, lleva una carga emocional que no le pertenece, pero que, debido a los vínculos familiares, ha heredado de manera inconsciente.

Este patrón es una forma de fidelidad oculta hacia los miembros de generaciones anteriores, donde el niño, en un intento de mantener la conexión con su linaje, asume emociones y conflictos no resueltos. En este caso, la agresividad que el niño muestra en su vida cotidiana es una expresión inconsciente de la ira reprimida que el abuelo nunca pudo liberar. A través del proceso de constelación, la familia llega a comprender este vínculo invisible, y el niño puede ser liberado de la carga emocional que lleva.

El acto de reconocer y honrar la historia del abuelo en el contexto familiar es clave para la sanación. Una vez que el sistema familiar se reorganiza y se reconoce el sufrimiento del abuelo, el niño deja de sentirse obligado a cargar con esa emoción y encuentra maneras más saludables y equilibradas de expresar sus propios sentimientos. La constelación no solo permite liberar al niño, sino que también ayuda a restaurar el orden natural dentro del sistema familiar, sanando heridas transgeneracionales y permitiendo que las emociones fluyan de manera adecuada entre las generaciones.

.

Los problemas de conducta en los niños son una señal de que algo en el sistema familiar necesita ser abordado y sanado. A través de las Constelaciones Familiares, es posible identificar y resolver las dinámicas ocultas que contribuyen a estos comportamientos, facilitando un proceso de sanación y crecimiento tanto para el niño como para la familia. Este enfoque alivia los síntomas inmediatos y promueve una mayor comprensión y conexión dentro del sistema familiar, ayudando a prevenir futuros problemas.

FALTA DE DISCIPLINA

La falta de disciplina en un niño refleja una carencia en la estructura y autoridad dentro del sistema familiar. Esta situación suele estar relacionada con la ausencia de una figura parental firme, ya sea física o emocionalmente, especialmente la figura paterna, o con dinámicas familiares donde los roles de los padres no están claramente definidos o asumidos. En el marco de las Constelaciones Familiares, se pueden abordar estas cuestiones restaurando y fortaleciendo la presencia y autoridad de los padres, especialmente del padre, cuya energía es fundamental para establecer los límites y el orden en el hogar.

Cuando los padres no asumen un rol claro o su autoridad está diluida o inestable, el niño carece de una guía sólida sobre qué se espera de él y cuáles son los límites adecuados. Esta inseguridad se manifiesta frecuentemente como una falta de disciplina, ya que el niño no encuentra en su entorno familiar la estructura necesaria para sentirse contenido y orientado. Las Constelaciones Familiares ayudan a restablecer el equilibrio al permitir que los padres reconozcan y asuman plenamente su rol con mayor claridad y autoridad, proporcionando al niño una sensación de seguridad y dirección en su entorno.

La restauración de la estructura familiar, fortalecida por una autoridad parental bien definida, contribuye significativamente a que los niños desarrollen una comprensión clara de los límites y las expectativas. Esto no solo mejora su comportamiento y disciplina, sino que también les brinda un profundo sentido de pertenencia y estabilidad. Cuando los niños crecen en un entorno donde se satisfacen tanto sus necesidades emocionales como estructurales, se sienten seguros y pueden desarrollarse de manera más equilibrada y saludable.

Una de las soluciones más efectivas para restablecer el equilibrio familiar en casos de ausencia paterna es la disposición de la madre para actuar como un "puente" entre el padre ausente y sus hijos. Al reconocer y honrar la figura paterna frente al hijo, aunque este no esté físicamente presente, se puede ayudar al niño a restablecer el orden interior, reforzando su sentido de identidad y estructura emocional. Este acto de reconocimiento es esencial en el proceso de sanación, pues permite al hijo aceptar su lugar dentro del sistema familiar y restablecer un equilibrio que fomente una relación más saludable con la disciplina y el respeto hacia la autoridad.

EL NIÑO CONFRONTACIONAL

Los niños confrontacionales suelen expresar los conflictos internos de su entorno familiar a través de un comportamiento desafiante. Esta conducta puede estar relacionada con lealtades invisibles hacia un miembro de la familia que ha sido marginado o percibido como problemático, lo que refleja una forma de alineación inconsciente con ese familiar. En otros casos, la actitud confrontativa del niño puede ser una manifestación de necesidades emocionales no satisfechas, como la búsqueda de atención, validación o afecto.

En el marco de las Constelaciones Familiares, se investigan estas dinámicas para identificar las raíces profundas del comportamiento desafiante, permitiendo comprender que, más allá de ser un mero problema de conducta, el niño puede estar actuando como un espejo de los desequilibrios en el sistema familiar. El enfoque de las Constelaciones permite revelar estas lealtades invisibles, así como las carencias emocionales que el niño intenta comunicar a través de su comportamiento.

Al trabajar con estas dinámicas, es posible restaurar el equilibrio dentro de la familia. El niño, una vez comprendido y sostenido en sus necesidades más profundas, puede aprender a expresarse de maneras más saludables y a relacionarse de forma más constructiva con los miembros de su familia. Este proceso de intervención no solo beneficia al niño, sino que también facilita una mayor comprensión y apoyo entre los padres, facilitando un ambiente familiar más armonioso y equilibrado, donde las necesidades emocionales de todos los miembros son reconocidas y atendidas.

.

DESÓRDENES DE ATENCIÓN

Los trastornos de atención, como el TDAH, suelen estar relacionados con dinámicas familiares complejas en las que el niño se siente sobrecargado por expectativas desmedidas, tensiones emocionales no resueltas o la falta de estructura y apoyo adecuado. En muchos casos, el comportamiento del niño puede ser una manifestación de desequilibrios en su entorno familiar que afectan directamente su capacidad para concentrarse y mantener la atención. Estos desequilibrios pueden derivar en patrones de comportamiento que reflejan la tensión interna que experimenta el niño frente a las demandas del sistema familiar.

El enfoque de las Constelaciones Familiares ofrece una visión profunda para explorar las relaciones dentro del sistema familiar y detectar los factores subyacentes que podrían estar contribuyendo a la aparición de trastornos de atención. Por ejemplo, cuando un niño percibe una presión constante para cumplir con expectativas que no puede gestionar, su capacidad para enfocarse en tareas específicas se ve afectada. Esto puede traducirse en comportamientos de distracción, impulsividad o hiperactividad. De igual manera, las tensiones emocionales que existen entre los miembros de la familia, como conflictos no resueltos entre los padres o la falta de una conexión emocional adecuada, pueden influir negativamente en el bienestar del niño, afectando su capacidad para concentrarse de manera sostenida.

A través del trabajo en Constelaciones Familiares, es posible desentrañar estas dinámicas ocultas y restablecer el equilibrio dentro del sistema familiar. Al traer a la luz las tensiones, expectativas no verbalizadas y patrones relacionales disfuncionales, se facilita la creación de un ambiente familiar más armónico y seguro para el niño. Este proceso no solo ayuda a aliviar las presiones que el niño siente, sino que también facilita un entorno de apoyo emocional y estabilidad, que es crucial para su desarrollo.

Al restaurar el orden en las relaciones familiares, donde los roles y responsabilidades de cada miembro están claros y son respetados, el niño puede experimentar una sensación renovada de seguridad y pertenencia. Esta base sólida le permite desarrollar su capacidad de atención de manera más natural, ya que se siente menos abrumado por cargas emocionales que no le corresponden. Las Constelaciones Familiares, al restituir este equilibrio, no solo buscan mejorar la dinámica familiar, sino también crear un espacio en el que el niño pueda florecer con mayor confianza, tranquilidad y concentración.

PROBLEMAS EN LA ESCUELA

Los problemas escolares, como el bajo rendimiento académico, la falta de interés o las dificultades en las relaciones con compañeros y profesores, suelen tener raíces más profundas que el entorno educativo en sí. Estos obstáculos son el reflejo de conflictos emocionales o dinámicas familiares no resueltas que influyen directamente en la vida diaria del niño. Las Constelaciones Familiares ofrecen una herramienta eficaz para explorar y abordar estas influencias ocultas.

En el contexto de este enfoque terapéutico, se examinan las dinámicas familiares para identificar cómo los conflictos no expresados, las expectativas desmesuradas o las tensiones dentro del hogar pueden repercutir en el desempeño escolar del niño. Un ambiente familiar inestable, lleno de discordias o desequilibrios emocionales, puede afectar la capacidad del niño para concentrarse y motivarse en la escuela. Por otro lado, la presión excesiva por parte de los padres para que el niño alcance altos logros académicos puede generar ansiedad y, en última instancia, reducir su rendimiento en lugar de mejorarlo.

El enfoque de las Constelaciones Familiares permite revelar y desentrañar estos factores subyacentes al observar las interacciones familiares desde una perspectiva sistémica. A través de este proceso, se identifican patrones ocultos que pueden estar limitando el bienestar del niño. Esto no solo facilita una comprensión más profunda de las causas del problema, sino que también abre la puerta a soluciones más integrales y efectivas. Al abordar las dinámicas familiares que afectan al niño, se pueden restaurar el equilibrio y la armonía en las relaciones, promoviendo una mayor estabilidad emocional.

Es fundamental entender que el rendimiento académico no es solo un indicador de las capacidades intelectuales del niño, sino también una manifestación de su bienestar emocional y del contexto familiar en el que se desarrolla. Si el niño percibe tensiones constantes en el hogar o siente una responsabilidad desproporcionada por cumplir con las expectativas de sus padres, esto puede afectar su capacidad para desenvolverse plenamente en el ámbito escolar.

Las Constelaciones Familiares permiten que los padres reconozcan su papel en estas dinámicas y que el niño encuentre su lugar adecuado dentro del sistema familiar. Al reducir las tensiones familiares y fomentar un ambiente de apoyo y comunicación, el niño puede sentirse más libre para enfocarse en sus estudios, mejorando así su rendimiento académico. Esta sanación del entorno familiar no solo beneficia al niño, sino que también contribuye al bienestar de todos los miembros de la familia.

ACOSO ESCOLAR

El bullying o acoso escolar, tanto en su manifestación como víctima o perpetrador, suele estar vinculado a dinámicas familiares profundas y no resueltas. Estas dinámicas pueden incluir violencia doméstica, falta de reconocimiento emocional, abandono afectivo, o patrones disfuncionales de comportamiento que los niños replican en su entorno escolar. Lejos de ser un fenómeno aislado, el bullying refleja conflictos subyacentes que no han sido abordados adecuadamente dentro del sistema familiar, influyendo de manera significativa en el comportamiento del niño.

En el contexto de las Constelaciones Familiares, estas dinámicas ocultas son exploradas para comprender cómo los traumas y conflictos familiares pueden proyectarse en el ámbito escolar. Por ejemplo, un niño que vive en un hogar donde existe violencia o abuso puede interiorizar esas experiencias y reproducir comportamientos agresivos con sus compañeros, convirtiéndose en un agresor. En otros casos, ese mismo niño podría sentirse emocionalmente inseguro y, como consecuencia, asumir el rol de víctima de acoso escolar. Ambas respuestas, ya sea como víctima o perpetrador, son formas de expresar desequilibrios emocionales originados en el entorno familiar.

De igual modo, en familias donde los niños no reciben el reconocimiento o la validación emocional que necesitan, pueden desarrollar una baja autoestima, haciéndolos más susceptibles a ser acosados o incluso a buscar poder a través de la intimidación de otros. La falta de atención o valoración por parte de los padres no solo erosiona el sentido de seguridad del niño, sino que también lo deja expuesto a dinámicas de poder en la escuela, donde busca inconscientemente restaurar su sentido de pertenencia o control.

El trabajo en Constelaciones Familiares permite identificar y abordar estas dinámicas disfuncionales, restaurando el equilibrio en la familia. Al reconocer y resolver los conflictos internos, se logra una transformación que no solo impacta de manera positiva al niño, sino también a todo el sistema familiar. Este enfoque integral promueve un entorno más saludable y armonioso en el hogar, lo que repercute directamente en el bienestar emocional del niño en la escuela. La resolución de estas tensiones familiares no solo reduce las posibilidades de que el niño participe en situaciones de bullying, sino que también fortalece su autoestima y su capacidad para relacionarse de manera más equilibrada y respetuosa con los demás.

Al final, al sanar el núcleo familiar y restaurar los lazos de amor y respeto, se facilita la creación de un entorno donde tanto el niño como los demás miembros de la familia puedan desarrollarse de forma plena, permitiendo que el flujo de la energía familiar sea saludable y armonioso. Esta restauración tiene un impacto directo en la vida escolar del niño, reduciendo los conflictos y mejorando su capacidad para integrarse en su entorno social de manera equilibrada.

CONFLICTOS DE LEALTAD

Los conflictos de lealtad representan situaciones profundamente complejas en las que los individuos, especialmente los niños, se encuentran atrapados entre diferentes expectativas y demandas familiares. Estos conflictos emergen cuando los miembros de la familia, inconscientemente, presionan al niño para que elija entre sus deseos y las expectativas de diferentes familiares. En tales casos, el niño se ve enfrentado a la difícil tarea de equilibrar y satisfacer las necesidades de todos los miembros de la familia, lo cual puede llevar a una profunda confusión, culpa y ansiedad.

Uno de los escenarios más comunes en los que surgen estos conflictos es durante la separación de los padres. Los niños pueden sentirse divididos entre apoyar a uno de los padres o mostrar lealtad al otro, especialmente si uno de los padres intenta ganarse el favor del niño. Esta dinámica puede provocar una gran tensión interna, ya que el niño lucha por no decepcionar a ninguno de los dos.

Las expectativas contradictorias también juegan un papel importante en la aparición de estos conflictos. Cuando un niño recibe diferentes y a veces opuestas expectativas de éxito o comportamiento por parte de distintos miembros de la familia, puede sentirse atrapado en un dilema sobre cómo cumplir con estas demandas sin desilusionar a nadie. En casos donde se mantienen secretos familiares, el niño puede encontrarse en una posición difícil, obligado a guardar información que afecta su bienestar emocional. La percepción de que uno de los padres tiene una preferencia por uno de los hijos también puede generar un conflicto interno sobre a quién le deben su lealtad.

Estos conflictos de lealtad tienen un impacto considerable en el bienestar emocional y psicológico del niño. La presión de cumplir con expectativas divergentes conduce a una sensación constante de culpa, ya que el niño se siente responsable de satisfacer las necesidades y deseos de cada miembro de la familia, en detrimento de su propio bienestar. Esta presión puede provocar confusión, estrés emocional y ansiedad, ya que el niño no sabe cómo equilibrar las demandas opuestas sin defraudar a ninguno de los miembros de la familia.

El estrés prolongado asociado con estos conflictos puede manifestarse en diversos problemas, como dificultades en el rendimiento académico, problemas de sueño y comportamientos de evitación. La constante sensación de culpa puede erosionar la autoestima del niño y afectar su capacidad para establecer relaciones saludables a medida que crece.

En el contexto de las Constelaciones Familiares, se aborda el alivio de estas tensiones mediante la identificación y resolución de expectativas conflictivas. Este enfoque permite a los individuos observar las dinámicas familiares desde una perspectiva externa, facilitando la comprensión de los patrones subyacentes y el reconocimiento de las lealtades involucradas. Las constelaciones familiares pueden revelar dinámicas ocultas que perpetúan los conflictos de lealtad, ayudar a los individuos a aceptar y honrar las lealtades familiares sin sacrificar su propio bienestar, y encontrar un equilibrio en el que puedan respetar las lealtades familiares mientras permanecen fieles a sí mismos. Además, este proceso proporciona una nueva perspectiva sobre los roles y responsabilidades dentro de la familia, permitiendo la liberación de la culpa y la ansiedad asociadas con estos conflictos.

Al proporcionar una nueva comprensión de las dinámicas familiares y promover una mayor claridad y apoyo dentro del sistema familiar, las Constelaciones Familiares pueden ser una herramienta valiosa para sanar los conflictos de lealtad y fomentar un entorno en el que todos los miembros puedan prosperar en armonía.

LOS NIÑOS HIPERSENSIBLES

Los niños hipersensibles son aquellos que experimentan y responden a las emociones y tensiones de su entorno con una intensidad superior a la de otros niños. Esta sensibilidad puede manifestarse en una profunda empatía, una alta percepción de los estados emocionales de quienes los rodean y una respuesta intensa a situaciones estresantes o conflictivas.

Características:

- Alta Empatía: Estos niños suelen ser muy perceptivos hacia los sentimientos y estados emocionales de los demás, sintiendo el dolor o el estrés ajeno como si fuera propio.

- Reactividad Emocional: Experimentan emociones de manera más intensa y prolongada. Un conflicto familiar, una tensión en la casa o una situación estresante puede afectarles profundamente.

- Necesidad de Protección: Buscan maneras de protegerse emocionalmente para evitar sentirse abrumados por las emociones que perciben en su entorno.

- Respuestas Físicas: La hipersensibilidad puede manifestarse no solo en el ámbito emocional, sino también en reacciones físicas como dolores de cabeza, trastornos digestivos o problemas de sueño.

IMPLICACIONES EN EL ENTORNO FAMILIAR DEL NIÑO HIPERSENSIBLE

Amplifican las tensiones y conflictos dentro de la familia, ya que perciben y responden a las emociones de una manera más aguda.

Tienen dificultades para expresar sus necesidades y emociones de manera clara, lo que puede llevar a malentendidos y conflictos adicionales.

Para protegerse, pueden desarrollar mecanismos de defensa, como el aislamiento, la evasión o comportamientos de evitación.

Las constelaciones familiares ofrecen un marco valioso para abordar la hipersensibilidad en los niños y mejorar su bienestar emocional, al tiempo que trabajan en el ambiente familiar en su conjunto. Este enfoque terapéutico facilita la identificación de dinámicas familiares que contribuyen a la hipersensibilidad del niño, tales como tensiones no resueltas, conflictos subyacentes o patrones de comportamiento disfuncionales. Al poner de manifiesto estos elementos, las constelaciones permiten a los miembros de la familia comprender mejor las emociones y necesidades del niño, fomentando un entorno más armonioso y solidario.

A través de este proceso, los familiares adquieren una comprensión más profunda del contexto emocional del niño, lo cual es esencial para crear un ambiente que apoye su desarrollo emocional. Las constelaciones familiares ayudan a los niños a desarrollar habilidades de afrontamiento y estrategias para manejar su hipersensibilidad, como técnicas de relajación, habilidades para una comunicación emocional efectiva y métodos para establecer límites saludables. Estos recursos no solo benefician al niño, sino que también capacitan a los padres y otros miembros de la familia para brindar un apoyo más empático y efectivo.

En lugar de ver la hipersensibilidad como un problema que debe resolverse, las constelaciones fomentan la aceptación de esta característica como parte integral de la identidad del niño. Esta aceptación y comprensión reducen el estrés y la ansiedad que pueden asociarse con la sensibilidad del niño, promoviendo un clima de apoyo y empatía. Además, el proceso de constelación facilita la reparación de relaciones dentro de la familia, lo que contribuye a un entorno emocional más positivo y seguro para el niño. Al fortalecer estos vínculos y promover una comunicación abierta, las constelaciones familiares ayudan a que el niño se sienta más respaldado y seguro en su entorno, lo cual es crucial para su desarrollo emocional.

LOS NIÑOS DE SUSTITUCIÓN

Los niños de sustitución son aquellos que, sin plena conciencia de su rol, asumen la función de reemplazar a un hermano fallecido, o a un miembro de la familia que ha sido excluido, rechazado o perdido. Esta situación puede generar una serie de desafíos emocionales y psicológicos que impactan profundamente su identidad y sentido de pertenencia en la familia. Un ejemplo claro de esto es un niño nacido después de un aborto, que se convierte en un niño de sustitución.

Estos pequeños cargan con el peso emocional de la pérdida o exclusión del miembro familiar ausente. La presión implícita para llenar el vacío dejado por esa persona puede llevarlos a asumir responsabilidades o comportamientos que no les corresponden. Esta carga puede crear una confusión significativa sobre su propia identidad, ya que se encuentran en un conflicto constante entre cumplir con las expectativas familiares y descubrir quiénes son verdaderamente.

El desafío de encontrar su lugar dentro de la familia puede llevar a una sensación de aislamiento y desconexión. Estos niños suelen sentir que no logran ser completamente aceptados o comprendidos, lo que intensifica su sensación de desubicación. Además, pueden experimentar una culpa no justificada por la ausencia del miembro de la familia que intentan reemplazar. Esta culpa surge de la percepción de no estar a la altura de las expectativas que se les imponen.

En su intento de compensar la pérdida, algunos de estos niños pueden sobresalir excesivamente en el ámbito académico o social, buscando demostrar su valor de maneras que no siempre son saludables. Este comportamiento, aunque motivado por la intención de llenar el vacío dejado por el miembro ausente, puede resultar en un desequilibrio emocional y en la creación de patrones de comportamiento insostenibles.

Las Constelaciones Familiares proporcionan un enfoque valioso para abordar estos desafíos. A través de este método, se pueden liberar las cargas emocionales que llevan estos niños y ayudarles a desarrollar su identidad única, desvinculada de la tarea de reemplazar a otro. Este enfoque facilita la identificación y comprensión de las dinámicas subyacentes que llevaron a la situación de sustitución, permitiendo abordar la raíz del problema y lograr una resolución más profunda.

Las Constelaciones Familiares ofrecen un espacio para liberar la carga emocional que el niño ha asumido. Este proceso incluye el reconocimiento y la validación de sus sentimientos y experiencias, permitiendo al niño soltar el rol de sustituto y comenzar el camino hacia la sanación. Además, ayudan a restablecer el orden en el sistema familiar, asegurando que cada miembro ocupe el lugar que le corresponde sin asumir roles de reemplazo o compensación.

Este método también facilita la construcción y afirmación de una identidad propia en el niño, libre de las expectativas de reemplazo. Promueve la autoaceptación y el reconocimiento del valor individual, permitiendo al niño crecer como una persona única y auténtica. Asimismo, ofrece un espacio para honrar y reconocer al miembro de la familia que ha sido excluido o perdido, liberando al niño de la responsabilidad de asumir su rol. Este reconocimiento puede ser liberador tanto para el niño como para la familia en su conjunto, abordando y resolviendo los sentimientos de culpa y confusión que el niño pueda tener, y proporcionando una comprensión más clara de su lugar dentro del sistema familiar.

EJEMPLO DE APLICACIÓN EN CONSTELACIONES FAMILIARES

María es una joven que ha vivido bajo una intensa presión desde su infancia, impulsada por las expectativas de su familia. Sus padres, quienes perdieron a su hijo mayor antes de su nacimiento, sin darse cuenta, impusieron a María el papel de "sustituta" para llenar el vacío dejado por su hermano fallecido. A lo largo de su vida, María ha llevado el peso de esta responsabilidad, intentando cumplir con unas expectativas que no le pertenecen.

En una sesión de constelación familiar, se revela la profundidad de esta carga emocional. Durante la constelación, María es colocada en el centro, y se visualiza claramente cómo la dinámica familiar ha girado en torno a su rol de sustituta. Los representantes en la constelación encarnan las distintas energías y roles de la familia, mostrando cómo la configuración de las relaciones ha sido influenciada por la pérdida de su hermano.

Este proceso facilita una liberación profunda de la carga emocional que María ha llevado durante años. A través de la constelación, se honra la memoria de su hermano, reconociendo su importancia en la familia. Sin embargo, se afirma de manera contundente que María debe ser vista y valorada por sí misma, como una persona con su propia identidad y valor intrínseco, separada del papel de reemplazo que ha asumido.

La constelación permite reajustar la dinámica familiar, restaurando el equilibrio natural y asignando a cada miembro su lugar adecuado. Este reajuste es crucial para que cada uno pueda desempeñar su rol auténtico dentro de la familia, sin cargar con roles impuestos o sustituciones. Al finalizar la constelación, se establece un nuevo orden en el sistema familiar que facilita la sanación y el fortalecimiento de las relaciones, permitiendo a María y a su familia avanzar con una nueva perspectiva de respeto y comprensión mutuos.

LOS NIÑOS ARCOÍRIS Y CRISTAL

Los niños arcoíris y cristal, son individuos que desde una edad temprana muestran una empatía y compasión notables, junto con una sabiduría que supera su edad. Estos niños suelen sentir un profundo sentido de misión o propósito en la vida, y experimentan una conexión especial con los demás, acompañada de un deseo innato de contribuir positivamente al mundo.

Una de las características más distintivas de los niños de la luz es su excepcional capacidad para percibir y comprender las emociones ajenas. Esta empatía profunda les permite conectar fácilmente con las personas y preocuparse intensamente por su bienestar. Su habilidad natural para ofrecer apoyo y comprensión se manifiesta en consejos y perspectivas que reflejan una madurez y equilibrio inusuales para su edad. Además, suelen sentir que tienen una misión especial en la vida, inclinándose hacia actividades que promuevan el bien común, como ayudar a los demás o involucrarse en causas altruistas.

Sin embargo, esta profunda sensibilidad también puede presentar desafíos. Los niños de la luz pueden sentirse abrumados por las emociones y tensiones que los rodean. La intensidad de sus percepciones puede llevar a dificultades para adaptarse a situaciones que no comprenden completamente o que resultan emocionalmente exigentes. Además, la excepcionalidad de su comportamiento puede generar expectativas elevadas en su entorno familiar o social, creando una presión adicional para cumplir con estándares que a veces pueden ser difíciles de mantener.

En este contexto, las constelaciones familiares pueden ofrecer un valioso apoyo. A través de este enfoque, es posible ayudar a los niños de la luz a desarrollar su potencial al asegurar que reciban el respaldo y la orientación necesarios para cumplir con su propósito de vida. Las constelaciones familiares facilitan la identificación y validación del propósito especial de estos niños, reconociendo su papel único dentro del sistema familiar y en el mundo en general.

Además, este método proporciona un espacio seguro para que los niños de la luz expresen y procesen sus emociones profundas, lo que les permite manejar su sensibilidad de manera constructiva y encontrar formas efectivas de lidiar con tensiones emocionales. Las constelaciones familiares también pueden contribuir a la creación de nuevas dinámicas dentro del entorno familiar, favoreciendo un ambiente que apoye el bienestar emocional y el crecimiento personal de estos niños.

Otra forma en que las constelaciones familiares benefician a los niños de la luz es ayudando a liberar cargas emocionales que puedan estar limitándolos, permitiéndoles vivir de acuerdo con su propósito sin sentirse atrapados por expectativas externas. Además, fortalecen la red de apoyo familiar, asegurando que los padres y otros miembros de la familia comprendan y apoyen el desarrollo de estos niños, proporcionándoles herramientas y estrategias para acompañarlos en su camino.

En resumen, las constelaciones familiares juegan un papel crucial en apoyar a los niños de la luz, ayudándoles a integrar su sensibilidad y propósito especial dentro de un marco familiar y social que fomente su bienestar y desarrollo integral.

EJEMPLO DE APLICACIÓN EN CONSTELACIONES FAMILIARES

Lucía, una niña de ocho años, ha demostrado una profunda empatía hacia sus compañeros y una inclinación natural por ayudar a los demás. Aunque estas cualidades son admirables, sus padres están preocupados por la presión que siente Lucía para cumplir con un sentido de misión que parece más allá de su edad. Esta preocupación los lleva a buscar formas de apoyarla de manera más efectiva.

Durante la sesión, se exploran las dinámicas familiares que influyen en Lucía. Se descubre que su fuerte sentido de misión no solo ha sido moldeado por su propio carácter, sino también por las expectativas que sus padres y el entorno familiar han depositado en ella. Estas expectativas, aunque bien intencionadas, están afectando su bienestar emocional, generando una presión que no es adecuada para su desarrollo.

El enfoque de la sesión se centra en crear un entorno familiar más equilibrado, que permita a Lucía seguir su propósito sin la carga de una presión innecesaria. Se trabaja en establecer nuevas dinámicas dentro de la familia que refuercen el sentido de apoyo y validación hacia Lucía, al mismo tiempo que se le proporcionan herramientas para manejar su alta sensibilidad de manera saludable.

Este proceso incluye la implementación de estrategias que permiten a Lucía sentirse respaldada en su rol de ayuda sin que eso se convierta en una fuente de estrés. Se le enseña a gestionar su empatía y sensibilidad de manera que no interfiera en su propio bienestar, promoviendo un desarrollo emocional equilibrado y saludable. A través de este enfoque, se busca que Lucía pueda disfrutar de su inclinación natural por ayudar a los demás sin sacrificar su propia felicidad y estabilidad emocional.

LA ADOPCIÓN

La adopción es un proceso profundamente transformador y complejo, que implica la incorporación de un niño en una nueva familia y la creación de vínculos afectivos que reconfiguran la estructura familiar preexistente. En el contexto de las Constelaciones Familiares, esta experiencia puede tener implicaciones significativas tanto para los adoptantes como para los adoptados, así como para las familias biológicas. Explorar las dinámicas detrás de la adopción permite comprender cómo este proceso afecta a todos los involucrados y cómo las Constelaciones Familiares pueden facilitar una integración saludable.

La adopción altera naturalmente el sistema familiar, generando nuevos ajustes y una reconfiguración que afecta roles y jerarquías. Cuando un niño es adoptado, se produce un movimiento en las estructuras existentes de la familia, requiriendo una reorganización para incorporar al nuevo miembro de manera equilibrada. Esto puede ser particularmente evidente en familias que ya cuentan con hijos biológicos, donde el hijo adoptivo tiende a ocupar el lugar del menor, independientemente de su edad. Este principio, que prioriza el orden jerárquico, es fundamental para mantener el equilibrio dentro de la familia, permitiendo que cada miembro ocupe su lugar adecuado y evitando confusiones en los roles familiares.

El impacto de la adopción en las lealtades familiares también es un aspecto clave. Las lealtades invisibles que el hijo adoptivo puede mantener hacia sus padres biológicos son profundas y complejas. Incluso cuando no ha existido un vínculo consciente con los padres biológicos, el niño puede experimentar una conexión interna que influye en su relación con los padres adoptivos. Este fenómeno puede generar conflictos internos en el hijo adoptado, afectando su capacidad para abrirse completamente a su nueva familia y crear lazos de confianza y seguridad.

Asimismo, los padres adoptivos también pueden experimentar sus propias lealtades inconscientes, ya sea hacia los padres biológicos del niño o hacia su propia historia familiar. Estas lealtades pueden manifestarse en actitudes o emociones que, si no se abordan con sensibilidad, podrían complicar la integración del hijo adoptivo. Por ello, es crucial que los padres adoptivos reconozcan y respeten los vínculos que el niño pueda sentir hacia sus padres biológicos. No se trata de competir con estos lazos, sino de entender que forman parte del sistema emocional del niño y que, al aceptar y honrar esta realidad, se puede fomentar un ambiente de mayor confianza y apertura en la familia adoptiva.

El sentimiento de inclusión o exclusión que experimenta un hijo adoptivo dentro de su nueva familia también juega un papel esencial en su bienestar emocional y psicológico. Si el niño percibe que es acogido y tratado con el mismo afecto y respeto que los demás miembros, esto favorecerá su sentido de pertenencia y seguridad. El trato equitativo y la validación de sus emociones y experiencias son aspectos clave para que el niño se sienta valorado dentro del núcleo familiar. En cambio, si el hijo adoptivo percibe actitudes de rechazo, indiferencia o trato desigual en comparación con los hijos biológicos, puede desarrollar sentimientos de exclusión, lo cual afectará su autoestima y podría crear barreras emocionales difíciles de superar.

Para evitar estos sentimientos de exclusión, es fundamental que los padres adoptivos y los demás miembros de la familia trabajen activamente en la creación de un entorno inclusivo y afectuoso. Esto implica reconocer las particularidades del hijo adoptado, validar sus emociones y experiencias, y ofrecerle un trato justo y amoroso. Solo a través de un esfuerzo consciente por parte de toda la familia se puede garantizar que el hijo adoptado se sienta verdaderamente integrado y valorado en su nuevo hogar.

Las Constelaciones Familiares ofrecen una poderosa herramienta para abordar las dinámicas complejas que pueden surgir en el contexto de la adopción. A través de este enfoque, es posible trabajar en la restauración de vínculos interrumpidos, en la resolución de conflictos emocionales no resueltos y en la reconfiguración saludable del sistema familiar. Al comprender y respetar las jerarquías naturales y los lazos preexistentes, tanto los adoptantes como los adoptados pueden encontrar un espacio de equilibrio, donde el amor y el respeto fluyan de manera armoniosa. De esta forma, el niño adoptado puede ocupar su lugar dentro de la familia, sintiéndose pleno y aceptado en su nueva realidad familiar.

DESAFÍOS Y DINÁMICAS

La adopción puede presentar diversos retos que pueden ser explorados y abordados en las constelaciones familiares. Los hijos adoptivos pueden querer conocer o acercarse a su identidad y origen. El proceso de adopción puede generar sentimientos de confusión o pérdida relacionados con su familia biológica. Los padres biológicos son los verdaderos progenitores de un niño y ocupan un lugar único e insustituible en su vida. Nadie puede asumir su rol o reemplazarlos completamente, independientemente de las circunstancias.

Es fundamental reconocer que las decisiones que llevaron a estos padres a dar a su hijo en adopción son personales y deben ser respetadas sin juicio. Cada situación es única y está influenciada por una serie de factores complejos y emocionales, y no es nuestra tarea juzgar las decisiones de los padres biológicos. En cambio, debemos honrar y respetar el papel fundamental que juegan en la vida del niño y en el tejido de su historia familiar.

Cuando se honra y respeta a los padres biológicos, reconociéndolos y dándoles un lugar significativo en los corazones de sus hijos y de los padres adoptivos, se establece una base de aceptación y comprensión que promueve la paz. Este acto de reconocimiento permite que las dinámicas familiares fluyan con mayor armonía, y los conflictos tienden a resolverse de manera natural. Es fundamental que tanto los hijos como los padres adoptivos valoren y respeten el papel de los padres biológicos, ya que este reconocimiento facilita una integración saludable de la identidad y las relaciones familiares, creando un entorno emocionalmente equilibrado y propicio para el crecimiento y el bienestar de todos los involucrados.

Por otra parte, sentimientos de abandono son comunes entre los niños adoptivos, incluso si fueron acogidos en el seno de familias amorosas que los apoyan. Estos suelen estar profundamente arraigados y vinculados a la experiencia inicial de separación de sus padres biológicos. Aunque los padres adoptivos proporcionen un entorno seguro y afectuoso, el niño puede continuar luchando con la sensación de haber sido abandonado, lo que puede influir en su desarrollo emocional y su sentido de pertenencia. Es importante reconocer y abordar estos sentimientos para ayudar al niño a sanar y construir una identidad fuerte y positiva.

El ajuste familiar en la adopción puede ser un proceso desafiante tanto para los padres adoptivos como para el niño adoptado. Los primeros pueden enfrentar dificultades para conectar emocionalmente con el niño, especialmente si este ha experimentado traumas o pérdidas previas. Además, pueden surgir retos relacionados con expectativas no realistas o prejuicios asociados con la adopción, tanto de los propios padres como de la sociedad en general. Es necesario concientizar estos posibles obstáculos y buscar apoyo cuando sea necesario.

A continuación, se presentan algunas formas en las que las constelaciones familiares pueden abordar los temas de la adopción:

- Reconocimiento del Origen: Permitir que el hijo adoptivo reconozca y honre su familia biológica puede ser importante para su proceso de integración. Esto puede incluir rituales o representaciones que reconozcan la conexión con la familia biológica.
- Integración de los Vínculos: Facilitar la integración de los vínculos entre los padres y el hijo adoptivos puede ayudar a fortalecer la relación y abordar cualquier resistencia o conflicto subyacente.
- Sanación de la Pérdida: Trabajar con las emociones relacionadas con la pérdida de la familia biológica puede ayudar al hijo adoptivo a sanar y a sentirse más en paz con su nueva familia.

- Resolución de Lealtades Inconscientes: Explorar las lealtades inconscientes hacia la familia biológica y cómo estas pueden estar afectando la relación con los padres adoptivos puede ser útil para resolver conflictos y promover la armonía familiar.

EJEMPLOS Y CASOS DE ESTUDIO

Caso 1: Sentimientos de Exclusión en un Niño Adoptivo

Un niño adoptivo presenta un sentimiento persistente de no encajar completamente en su nueva familia y enfrenta dificultades significativas para establecer vínculos emocionales con sus padres adoptivos. Esta sensación de desconexión puede manifestarse a través de problemas en la adaptación, comportamiento retraído o dificultades para formar relaciones cercanas.

Al investigar este caso, es crucial explorar las posibles lealtades inconscientes hacia la familia biológica del niño. Estas lealtades pueden estar interfiriendo con su capacidad para integrarse plenamente en su nueva familia, creando barreras emocionales que dificultan la formación de vínculos afectivos. En la terapia, se trabaja con la representación simbólica de la familia biológica para que el niño pueda reconocer y aceptar su pasado sin que este interfiera en su presente. Este proceso permite al niño soltar los lazos emocionales que lo atan a su historia anterior, facilitando así una integración más armoniosa en su familia adoptiva.

.

Caso 2: Conflictos en la Relación entre Padres Adoptivos e Hijos

En otro caso, una familia adoptiva enfrenta conflictos recurrentes entre los padres y su hijo adoptivo. Estos conflictos parecen estar arraigados en expectativas no cumplidas y en tensiones emocionales que surgen de la diferencia entre las expectativas de los padres y la realidad de la adopción.

Para abordar este problema, se analiza cómo las expectativas y las actitudes de los padres adoptivos hacia la adopción están influyendo en la relación con su hijo. Es fundamental identificar si existen patrones familiares heredados que puedan estar afectando esta dinámica. Los padres pueden estar proyectando expectativas inconscientes sobre el niño, basadas en sus propias experiencias o en ideales sociales sobre la adopción. Además, se exploran los posibles impactos de estos patrones heredados para comprender cómo están contribuyendo a la tensión en la relación. Al aclarar estas expectativas y trabajar en la alineación de las percepciones de ambos lados, se pueden fomentar una mayor comprensión y aceptación, mejorando la relación familiar.

La adopción es un proceso que puede traer consigo una variedad de desafíos emocionales y familiares. Las Constelaciones Familiares proporcionan una herramienta poderosa para explorar y resolver las dinámicas que surgen en el contexto de la adopción. Al abordar las lealtades inconscientes, los sentimientos de pérdida y las dinámicas familiares, se puede facilitar la integración y la armonía en el nuevo sistema familiar, promoviendo una relación saludable y amorosa entre todos los miembros de la familia.

IV. CONSTELANDO LA SALUD PERFECTA

"El amor es el camino de la sanación. Si aceptamos lo que es, lo que ha sido,
entonces lo que puede venir es una bendición para todos."
Bert Hellinger

En el enfoque de las Constelaciones Familiares, se investiga la profunda interrelación entre las dinámicas familiares y la salud individual. Se considera que muchas enfermedades y problemas de salud tienen sus raíces en patrones emocionales y energéticos que se transmiten a través de las generaciones. El proceso de las Constelaciones Familiares busca desbloquear y resolver estos patrones, facilitando una sanación a nivel profundo y sistémico.

Es fundamental entender que el objetivo de las Constelaciones Familiares no es "curar" enfermedades específicas de manera directa. Más bien, el trabajo del Constelador se centra en servir al campo familiar, manteniéndose completamente abierto y receptivo a lo que surge durante la sesión. En lugar de confirmar hipótesis o buscar metas concretas, el enfoque se dirige hacia un bien mayor, permitiendo que la expansión de la consciencia y la comprensión del sistema familiar se desarrolle de manera natural. Esta expansión puede llevar a descubrimientos y transformaciones que superan las expectativas iniciales.

Las enfermedades en el contexto de las Constelaciones Familiares no se ven simplemente como un problema físico, sino como una manifestación de conflictos no resueltos dentro del sistema familiar. Estos conflictos pueden incluir traumas pasados, exclusiones, secretos familiares o lealtades invisibles. En "The Healing Power of the Past" (2005), Hellinger destaca que "muchas veces, al incluir a un miembro excluido o al resolver un conflicto ancestral, se libera una cantidad significativa de energía vital que estaba atrapada en el problema."

Las enfermedades emergen cuando un individuo, de manera inconsciente, asume una carga o dolor que realmente pertenece a otro miembro de la familia. Este fenómeno puede ser el resultado de varias dinámicas familiares profundas que se manifiestan en la salud física y emocional. Entre las más comunes se encuentran las lealtades invisibles, las exclusiones, los traumas no resueltos y la culpa o vergüenza reprimida.

Las lealtades invisibles son un fenómeno en el que un miembro de la familia se siente compelido a cargar con el sufrimiento de otro para mantener una conexión o lealtad hacia ese miembro. Este comportamiento, aunque inconsciente, puede llevar a que la persona adopte problemas emocionales o físicos que en realidad pertenecen a otro familiar. Por ejemplo, si un hijo asume el dolor de un padre que ha sufrido una pérdida significativa, puede desarrollar síntomas que reflejan el dolor no resuelto de ese padre.

Las exclusiones en el ámbito familiar también juegan un papel crucial en la manifestación de enfermedades. Cuando un miembro de la familia es rechazado, olvidado o excluido, su ausencia o rechazo puede tener repercusiones en la salud de generaciones posteriores. Estos síntomas pueden variar desde problemas emocionales hasta enfermedades físicas, manifestándose en los descendientes como una forma de compensar o reconocer la falta de integración de ese miembro excluido.

Los traumas no resueltos son otra fuente importante de enfermedad en el sistema familiar. Eventos dolorosos como la pérdida de un ser querido, experiencias de abuso o traumas emocionales no abordados pueden ser heredados por las generaciones siguientes. Estos traumas, al no ser resueltos, pueden manifestarse en forma de enfermedades físicas en los descendientes, que actúan como un reflejo de las heridas emocionales no sanadas de los antepasados.

Finalmente, la culpa y la vergüenza reprimidas dentro del sistema familiar pueden tener un impacto significativo en la salud. Estos sentimientos, cuando son reprimidos y no procesados, pueden llevar a problemas de salud graves. Por ejemplo, un familiar que ha experimentado sentimientos de culpa sin resolver puede transmitir esa carga emocional a sus descendientes, manifestándose en forma de enfermedades que reflejan ese dolor reprimido.

Estas dinámicas revelan cómo el sufrimiento y las cargas emocionales pueden ser heredados a través de generaciones, afectando la salud de manera sutil pero profunda. Reconocer y abordar estas cuestiones a través de terapias como las Constelaciones Familiares puede ayudar a sanar las heridas transgeneracionales, restaurar el equilibrio y promover una salud integral tanto física como emocional.

TOMAR LA VIDA DE LOS PADRES

En el ámbito de las Constelaciones Familiares, el concepto de "tomar la vida de los padres" es fundamental para alcanzar un bienestar emocional y físico integral. Este acto implica aceptar plenamente la vida que nos ha sido otorgada por nuestros padres, con todos sus aspectos, tanto positivos como negativos. Es un reconocimiento y un homenaje a la realidad de que, independientemente de las circunstancias, nuestra existencia proviene de ellos.

"Tomar la vida de los padres" representa un profundo acto de aceptación y gratitud. Significa reconocer que, a pesar de sus limitaciones y desafíos personales, nuestros padres nos han ofrecido el don más esencial: la vida misma. Este reconocimiento no implica justificar comportamientos perjudiciales o tóxicos por parte de los padres, sino aceptar y honrar la realidad de nuestras raíces y el viaje que nos ha llevado hasta el presente.

La falta de aceptación de la vida de nuestros padres puede llevar a un sentimiento de desarraigo o desconexión. Este rechazo inconsciente, puede manifestarse como una negación fragmentada de nosotros mismos, dado que nuestros padres son una parte integral de nuestra identidad. Esta desconexión interna puede resultar en diversos problemas, incluyendo conflictos emocionales, dificultades en las relaciones y una sensación de vacío.

Desde una perspectiva de salud, esta falta de aceptación puede tener repercusiones significativas. En la visión sistémica de las Constelaciones Familiares, la salud no solo está influenciada por factores biológicos o ambientales, sino también por la integración y aceptación de nuestras raíces familiares. Los conflictos no resueltos o la falta de aceptación hacia los padres pueden manifestarse en el cuerpo a través de enfermedades, síntomas físicos o problemas de salud crónicos.

Es común que los hijos experimenten un temor profundo a "tomar" a sus padres, es decir, a aceptar la herencia emocional y energética que proviene de ellos. Este miedo puede surgir durante una sesión de constelación, donde los hijos pueden resistirse a aceptar a sus padres debido a sus problemas, como enfermedades, adicciones o deficiencias percibidas. Existe una falsa creencia de que aceptar a los padres implica heredar estos problemas. Sin embargo, cuando los hijos intentan aceptar a sus padres de manera selectiva, eligiendo solo lo que consideran "bueno" y rechazando lo "malo", pueden acabar internalizando y perpetuando precisamente lo que buscan evitar.

Bert Hellinger, en su obra *Las órdenes del amor*, explica que este rechazo selectivo no solo falla en proteger a los hijos, sino que puede instaurar un patrón de juicio constante hacia los padres. Este juicio perpetúa un ciclo de crítica y rechazo que, en lugar de aliviar el sufrimiento, lo perpetúa. Aceptar a los padres tal como son, con todas sus fortalezas y debilidades, es un acto de humildad y reconocimiento que permite al hijo liberarse de estas cargas y avanzar hacia una vida más plena y auténtica.

EL PROCESO DE TOMAR LA VIDA

En las Constelaciones Familiares, el proceso de "tomar la vida" es una práctica profunda de reconciliación con nuestras raíces familiares, que implica varios aspectos fundamentales para la sanación personal y emocional. Este proceso comienza con el acto de agradecer a los padres por la vida que nos han dado, reconociendo que, a pesar de las dificultades o desafíos que hayan podido enfrentar, nuestra existencia es un regalo que llega a través de ellos. Este acto de gratitud es esencial porque nos permite establecer una conexión más profunda con nuestras raíces y aceptar nuestra historia personal tal como es, sin importar las circunstancias que hayan rodeado nuestra llegada al mundo.

Aceptar la vida y las experiencias de nuestros padres es otro aspecto crucial de este proceso. Implica reconocer y aceptar sus vivencias tal como fueron, sin el deseo de cambiarlas o negarlas. Este acto de aceptación es liberador, ya que nos permite soltar expectativas y resentimientos que pueden haber surgido en relación con nuestras propias vivencias y las de nuestros padres. Al dejar de lado el deseo de que las cosas fueran diferentes, se facilita una mayor paz interior y se abre espacio para la reconciliación y el equilibrio emocional. Este tipo de aceptación es fundamental para liberarnos de patrones negativos heredados y avanzar hacia una vida más armoniosa y consciente.

Además, la integración de estos aspectos se logra a través de ejercicios y rituales que ayudan a procesar y reconciliar las experiencias y emociones relacionadas con nuestros padres y nuestra historia familiar. Estos métodos permiten a las personas encontrar un sentido más profundo de aceptación y conexión con su propia historia, promoviendo así la sanación y el crecimiento personal. Los ejercicios y rituales facilitan la integración de las vivencias familiares, proporcionando herramientas prácticas para alcanzar una mayor paz interior y equilibrio emocional.

En resumen, "tomar la vida" en el contexto de las Constelaciones Familiares implica un proceso de profunda reconciliación con nuestras raíces familiares a través del agradecimiento, la aceptación y la integración de nuestras experiencias y emociones. Este enfoque no solo ayuda a sanar viejas heridas, sino que también permite un crecimiento personal significativo al establecer una conexión más genuina con nuestra historia y nuestras raíces.

"Tomar la vida de los padres" es un acto esencial en las Constelaciones Familiares que promueve la salud y el bienestar integral.
Al aceptar y honrar la vida que nos ha sido dada, podemos liberar bloqueos emocionales y energéticos, y abrirnos a una vida más plena y consciente.

LA TOMA DE LOS PADRES

El acto de tomar a los padres es uno de los más fuertes y profundos que podamos efectuar en nuestra vida. A veces será el final de un largo camino y de muchos intentos. Cuando esto sucede debemos reconocer que cada uno de éstos fue una parte importante de un proceso complejo.

Los padres son nuestros primeros maestros, también son los más grandes. Entre los muchos aspectos que envuelven esta relación podemos mencionar:

- La primera separación que sucede al nacer, cuando se sale del vientre materno.
- Los permisos para explorar la vida, algunos provenientes de la madre, y otros del padre (o la sobreprotección, qué significa la negación de dichos permisos.)
- La comunicación, que pudo ser fluida, represiva o inexistente.
- La incomprensión, de lo que se fue, es, o hace o hizo.
- La asunción de roles que no correspondían, por ejemplo, cuando el hijo hace de padre y el padre hace de hijo.
- La parentización.
- Aquello que se hizo o se dejó de hacer.
- La disponibilidad emocional o física de los padres.
- El reconocimiento o no de los padres.
- Muchos otros temas que puedan tratarse o vivirse entre hijos y padres.

Lo importante es comprender que cuando emprendemos el camino de las constelaciones familiares integrales, debemos ante todo identificarnos con las soluciones más que con los problemas. Podemos entender que para poder avanzar en la vida es necesario ser capaces de aceptar, integrar, bendecir, honrar y soltar.

Es imprescindible reconocer las emociones y liberarlas de la manera apropiada. No se trata de disfrazarlas, si no justamente de saber canalizarlas. Es posible hacer de nuestras heridas, sufrimientos y fracasos, algo bueno, algo amoroso, evolutivo. Es posible a partir de nuestras heridas o en ellas mismas encontrar la fuerza necesaria para crecer y seguir creciendo.

El proceso de la toma de los padres es diferente para cada quién. Implica conocerse a sí mismo, reconocer las emociones que despierta el aspecto que se esté trabajando, y ser capaces de liberarlas de manera responsable, primero consigo mismo, y segundo con las personas implicadas. Muchas veces resulta más conveniente volcar el río de sentimientos y emociones mediante la terapia de la silla vacía, en una silla vacía, que sobre el padre o la madre directamente.

Una vez que hayamos liberado bagaje emocional sobre la silla vacía, podemos entonces, de ser necesario, tener una conversación franca, objetiva y básica con nuestros padres. Pero este no es un requisito (no es necesario) para hacer la toma de los padres.

La toma de los padres es un ejercicio activo más que pasivo. Implica un movimiento del espíritu de avance. Envuelve tomar conciencia de que efectivamente vamos hacia ellos y los aceptamos tal como son, tal como fueron, y cómo serán.

Vamos hacia los padres, y al hacerlo dejamos atrás los juicios, las críticas, las exigencias, las idealizaciones, todo lo cual solo son arrogancias.

Al ser arrogantes manifestamos que somos más que ellos, que sabemos más que ellos, que pudimos hacer las cosas mejor que ellos. Y eso es una manifestación de un ego, fuera de control, que en este punto debemos estar listos para controlar. Por eso la toma de los padres, es un proceso de purificación.

Depende del caso, porque cada vida es distinta, este ejercicio habrá de repetirse varias veces hasta que pueda hacerse por completo y se logre el resultado.

El resultado también, para cada persona será diferente. No podemos hablar, esperar o describir un resultado específico, ni siquiera lo que se siente o cómo se siente. Este es un ejercicio del alma, y, para cada persona, tendrá un significado, un sentir una expresión distinta.

Cuando vamos hacia la toma de nuestros padres, y nos dirigimos hacia ellos con humildad, lo hacemos con un corazón agradecido por el mayor regalo que nos pudieron haber dado: la vida.

Si los padres además nos atendieron, cuando fuimos bebés, o niños, nos bañaron cuando estábamos enfermos, corrían a nuestro lado, cuando despertábamos a medianoche infinitas veces, nos alimentaron, nos permitieron estudiar y muchas cosas más, tendríamos que estar todavía más agradecidos y humildes por todos estos hechos para con nosotros, que facilitaron nuestra vida.

Pero aún si no hicieron nada de esto que acabamos de mencionar, NOS DIERON LA VIDA, y no hay manera ni forma de poderles pagar de vuelta ese regalo.

LA TOMA DE LA MADRE

Esotéricamente, la toma de la madre implica el inicio del desarrollo espiritual. Para ello es fundamental trabajar sobre el ego, ese ego que muchas veces nos impele a culpar a otros de lo que nos sucede. Los niños no son responsables, por ello culpan a los demás de todo, ellos saben o intuyen que no tienen la culpa de nada. Los adultos si lo son, son responsables absolutos de recomponer, sanar y reorientar su vida. Si bien cuando fuimos niños actuamos en función de ese amor infantil y mágico, una vez que somos adultos podemos declarar nuestra adultez y a partir de esa conciencia, tomar a la madre.

GUIÓN. DE VUELTA A TI EN CINCO PASOS

Madre Cuántos años he pasado lejos de ti

a veces sin comprender lo que nos separaba.

Una sensación de distancia, y mucho dolor

como que algo faltaba.

Cuántos años de soledad creciendo a mi modo

sin quererme acercar plenamente a ti,

juzgándote y exigiéndote, demandándote, pretendiendo que tal vez no pasaba nada…

creyendo no lo sabía todo, cada día me alejaba

más de ti.

Queriendo llevar yo un gran peso, que no aguantaba,

lastimándome a mí mismo al creer que con ello te lastimaba.

Finalmente he crecido, soy un adulto estoy listo para tomarte.

Así que comienzo lentamente mi camino, de vuelta a casa,

humilde, vulnerable, tierno, con el corazón abierto, al igual que mis brazos.

El primer paso que doy es para aceptarte, tal como eres, sin pretender que eres diferente, aceptándote como la simple mujer, no idealizada, que me llevó dentro de sí por varios meses, y que triunfó como madre cuando me dio a luz al mundo.

Mi siguiente paso es al entender que con los conocimientos que tenía y los recursos que tenía hiciste lo mejor para esté yo aquí.

Mi tercer paso es para admirar tu grandeza.

Yo solo soy un niño, tu mamá eres la grande, tu das y yo recibo.

Mi cuarto paso es aceptar que jamás lo hubiera podido hacer mejor que tú, en tus circunstancias.

El quinto paso es gratitud, la eterna gratitud por la vida que me has dado, por llevarme en tu vientre tantos meses, nutriéndome con tu amor y con tu sangre, con tu aire con tu vida, aunque bien pudiste haber hecho otra cosa… Tal vez correr tras tus sueños, o no tenerme.

Y finalmente llego a ti y te abrazo, con una fuerza inmensa e infinita.

Y en ese abrazo, recibo la fuerza de la vida, que desde mis ancestros llega a mí, a través de ti.

LA TOMA DEL PADRE

Al tomar al padre aceptamos el 50% de energía masculina que somos. También nos abrimos a su disciplina y firmeza. Como el comenzar proyectos y nunca finalizarlos, suelen demostrar que el padre no ha sido tomado, o la dificultad para conectar con una pareja estable, o tener éxito en aquello que se hace, pueden también señalar la necesidad de tomar al padre. Problemas de comunicación y la falta de establecimientos claros de límites, también señalan que el padre no ha sido tomado.

Si bien al tomar la madre, nos reconectamos con nuestra energía interna, y nosotros mismos, con quiénes somos; es la energía del padre la que nos hace ir de adentro hacia afuera, hacia el mundo. Nos conecta con la sociedad, a salir de la zona de confort y explorar nuevas alternativas. Nos impele a cambiar, crecer y transformar nuestra vida para mejor.

GUIÓN. VOLVER A TI, PADRE

Padre estoy listo para volver a ti.

Desde mi adultez puedo aceptar que nos parecemos,

tomo de ti tu fortaleza, tu capacidad de decidir, la paz y la seguridad que merezco.

Humildemente te tomo y te acepto tal cual eres,

fuiste perfecto para mí, el mejor padre.

Por ello me abro al mundo sin temor,

gracias a ti conecto con la vida con firmeza.

Mi mente es objetiva y analítica, se hacia dónde voy y lo que quiero.

Tú eres el grande y yo el pequeño

recibo de ti fuerza de la vida, que desde mis ancestros llega a ti, y ahora a mí.

Yo también la compartiré con todo lo que cree en esta vida

y al hacerlo te honraré, honraré tu vida.

Ahora te abrazo padre, te abrazo con fuerza en un abrazo eterno.

Gracias por la vida Padre, gracias, gracias, gracias.

EL CAMINO DEL ALMA Y LA SALUD

El camino de la sanación se centra en descubrir y honrar los deseos profundos del alma. Este enfoque implica escuchar con atención lo que el alma realmente anhela, lo cual puede ser distinto de lo que nuestra mente o las expectativas sociales nos dictan. El alma busca completitud, reconciliación y autenticidad, y es a través de este proceso que se puede alcanzar una mayor salud y bienestar.

Uno de los aspectos decisivos es el trabajo con las cargas emocionales y energéticas que hemos asumido inconscientemente, muchas veces en nombre de la lealtad familiar. Estas pueden manifestarse como patrones de comportamiento, creencias limitantes o incluso enfermedades físicas. Al liberar estas cargas, el individuo puede empezar a vivir de manera más alineada con su verdad y propósito personal.

Aceptar las circunstancias de la vida, tal como son, es un paso vital en el camino de la sanación del alma. Esto no significa resignación, sino una profunda aceptación de la realidad, incluyendo los desafíos y las dificultades. A través de este acto de aceptación, el alma puede encontrar paz y comenzar a sanar heridas profundas que pueden estar afectando tanto a nivel emocional como físico.

El reconocimiento y la honra a los antepasados es otro aspecto fundamental en el trabajo con el alma en las Constelaciones Familiares. Al reconocer y honrar a nuestros antepasados, no solo estamos reconociendo su existencia y sus luchas, sino también liberándonos de patrones repetitivos que pueden haberse transmitido a través de generaciones. Este reconocimiento puede liberar energías estancadas y permitir una mayor fluidez y libertad en la vida del individuo.

El camino del alma se refiere a la búsqueda de autenticidad y verdad interior. Este proceso implica descubrir y alinear nuestras verdaderas necesidades y deseos, más allá de las expectativas impuestas por la familia o la sociedad. Al emprender este viaje hacia el autoconocimiento, nos acercamos a nuestra esencia más pura y a lo que realmente valoramos.

Reconocer y seguir el camino del alma puede tener un impacto significativo en nuestra salud. Al encontrar un propósito más profundo y una conexión genuina con nosotros mismos, somos capaces de liberar patrones de enfermedad que se han arraigado en conflictos internos o lealtades no resueltas. Este alineamiento con nuestras verdaderas aspiraciones y deseos permite una vida más equilibrada y armoniosa, promoviendo así una mejora tanto en la salud física como en la emocional. En esencia, cuando vivimos en coherencia con lo que el alma realmente quiere, facilitamos una sanación integral y duradera.

El trabajo con el alma en las Constelaciones Familiares es un camino hacia la sanación profunda y la realización personal. Al escuchar y honrar los deseos del alma, y al liberar las cargas que no nos pertenecen, podemos avanzar hacia una vida más plena y saludable, en armonía con nosotros mismos y con nuestro sistema familiar.

ACEPTAR TODO LO QUE ES

"Aceptar todo lo que es" significa abrazar la realidad tal como se presenta, sin intentar cambiar o rechazar los aspectos que están fuera de nuestro control. Esta aceptación es un componente crucial para la sanación, ya que permite liberar la resistencia y el juicio, factores que perpetúan el sufrimiento y pueden manifestarse en forma de enfermedades o malestares físicos y emocionales.

La resistencia a aceptar ciertos aspectos de nuestra vida o de nuestras relaciones puede crear tensiones internas que se expresan como estrés o enfermedades. Por ejemplo, rechazar o no aceptar una situación difícil del pasado, como una pérdida o un conflicto familiar, puede mantener una energía negativa activa en el cuerpo y la mente. A través de la aceptación, se puede liberar esta energía, permitiendo que el cuerpo y el espíritu encuentren un estado de mayor equilibrio y paz.

El juicio hacia nosotros mismos, nuestros familiares o nuestras circunstancias de vida puede ser una fuente de sufrimiento constante. Al aceptar todo lo que es, se reduce el juicio, permitiendo que nos liberemos de expectativas irreales o de resentimientos que cargamos hacia otros. Esta liberación puede tener un efecto sanador profundo, ya que el juicio y la crítica suelen ser barreras para la compasión y el entendimiento, tanto hacia uno mismo como hacia los demás.

Aceptar la realidad tal como es también significa reconocer nuestras propias limitaciones y las de los demás. Esto no implica una rendición pasiva, sino una aceptación activa que nos permite trabajar con lo que tenemos de la manera más efectiva posible. Este enfoque puede promover una salud integral, ya que nos permite alinearnos con la verdad de nuestra situación y tomar medidas más conscientes y efectivas para mejorar nuestro bienestar.

La sanación emocional a través de la aceptación puede liberar cargas que se han manifestado físicamente, permitiendo al cuerpo regresar a un estado de salud más natural. Las emociones reprimidas o no resueltas pueden contribuir a la aparición de síntomas físicos. Al aceptar y procesar estas emociones, se facilita la curación a nivel físico.

Aceptar todo lo que es no es un proceso de un solo paso; es una práctica continua de apertura y aceptación de la vida tal como es.
En las Constelaciones Familiares, este enfoque puede llevar a una sanación profunda y duradera, al permitirnos liberar cargas innecesarias y encontrar un camino hacia una vida más equilibrada y en paz con nuestra realidad. Este estado de aceptación puede abrir puertas a nuevas oportunidades de crecimiento y bienestar, tanto a nivel personal como en nuestras relaciones familiares y sociales.

LA EXCLUSIÓN

La exclusión en el sistema familiar es un fenómeno complejo con profundas repercusiones a lo largo de generaciones. Este proceso ocurre cuando un miembro de la familia es marginado o rechazado debido a juicios morales, secretos familiares, eventos traumáticos u otros factores significativos. La exclusión no solo afecta al individuo marginado, sino que también puede tener efectos duraderos y perjudiciales en la familia en su conjunto, generando sentimientos de desconexión, aislamiento y problemas de salud en los miembros restantes.

El enfoque de las Constelaciones Familiares para la sanación busca abordar y remediar esta exclusión mediante la reintegración de los miembros que han sido marginados. Este proceso implica reconocer y aceptar a todos los miembros de la familia, incluidos aquellos que han sido rechazados o ignorados. La inclusión de estos miembros es crucial para restaurar el equilibrio y la armonía dentro del sistema familiar. La sanación no se trata de justificar o aprobar acciones pasadas, sino de reconocer la existencia y el lugar de cada individuo en la estructura familiar.

La exclusión puede manifestarse de manera tangible a través de problemas de salud en otros miembros de la familia. Cuando una persona es excluida, otro miembro de la familia puede inconscientemente asumir el dolor o el trauma del excluido, lo que puede manifestarse en síntomas físicos o enfermedades. Este fenómeno, conocido como "identificación inconsciente" o "lealtad sistémica", muestra cómo las dinámicas familiares pueden influir en la salud física y emocional de sus miembros. Reconocer y dar un lugar a los miembros excluidos permite liberar a la familia de estas cargas emocionales no resueltas, contribuyendo a una mejora en el bienestar general.

En este contexto, la sanación no solo busca aliviar los síntomas físicos o emocionales presentes, sino también restablecer un equilibrio interno en el sistema familiar. Al hacer visible y honrar a los miembros excluidos, se crea un espacio para que las heridas familiares sanen, permitiendo que las nuevas generaciones vivan con un mayor sentido de conexión y bienestar.

DECIR SÍ A LA VIDA: ACEPTACIÓN Y PLENITUD

El concepto de "Decir Sí a la Vida" implica una aceptación profunda y total de la propia existencia, con todas sus alegrías y desafíos. Este acto de afirmación es fundamental para el bienestar emocional y psicológico, y se considera esencial para liberar patrones negativos y sanar heridas del pasado.

Decir sí a la vida significa aceptar todas las experiencias que forman parte de nuestra historia, incluyendo los momentos difíciles, las pérdidas y las circunstancias adversas. Es un acto de reconciliación con nuestro destino, nuestros padres y nuestra herencia familiar, sin juzgar ni rechazar ninguna parte de ella. Esta aceptación no significa resignación, sino un reconocimiento activo y consciente de todo lo que somos y de dónde venimos.

Cuando una persona, consciente o inconscientemente, dice "no" a la vida, puede experimentar sentimientos de rechazo, auto-sabotaje o desconexión. Este rechazo puede manifestarse en forma de enfermedades, depresión, adicciones, o en una incapacidad para disfrutar plenamente de la vida. Decir "no" a la vida está vinculado a conflictos no resueltos con los padres o con la historia familiar, así como a lealtades invisibles hacia miembros de la familia que han sufrido o han sido excluidos.

El proceso de Decir Sí a la Vida pasa por las siguientes etapas:

- Un primer paso importante es reconocer y honrar la historia de la familia, incluyendo las dificultades y traumas que puedan haber ocurrido. Esto incluye aceptar a los padres tal como son, con sus virtudes y defectos, y reconocer que hicieron lo mejor que pudieron con los recursos disponibles.
- Con frecuencia, los individuos cargan con lealtades invisibles a miembros de la familia que han sufrido o han sido excluidos. Decir sí a la vida implica liberar estas lealtades, permitiendo a cada persona ocupar su propio lugar y vivir su propia vida plenamente.
- Aceptar la vida tal como es implica aceptar también la propia existencia, incluyendo los aspectos de nosotros mismos que nos resultan difíciles de aceptar. Esto puede incluir el perdón a uno mismo por errores pasados y la aceptación de las circunstancias que no podemos cambiar.
- Practicar el agradecimiento y el reconocimiento por la vida que se nos ha dado es fundamental en el proceso. Este acto de gratitud puede incluir rituales de agradecimiento hacia los padres y los ancestros, reconociendo el sacrificio y las luchas que enfrentaron.

EJEMPLOS PRÁCTICOS Y EJERCICIOS

Ejercicio de Gratitud hacia los Padres: Una práctica común en las constelaciones familiares es expresar gratitud a los padres, ya sea en persona o simbólicamente. Esto puede incluir decir frases como: "Gracias por darme la vida" o "Reconozco y honro todo lo que me han dado". Este acto de gratitud ayuda a liberar cargas emocionales y a fortalecer el vínculo con la propia vida.

Ritual de Aceptación de la Vida: Un ritual puede incluir encender una vela en honor a la propia vida y a la historia familiar, mientras se medita sobre todo lo que se ha recibido. Durante este ritual, se puede repetir una afirmación como: "Acepto mi vida completamente, con todo lo que incluye".

Visualización de Liberación de Lealtades: En una visualización guiada, se puede imaginar entregando las cargas y lealtades invisibles a una figura simbólica de un ancestro o a la tierra, permitiendo que sean transformadas y liberadas.

Decir sí a la vida es un acto poderoso que puede transformar la relación de una persona consigo misma y con su entorno. En las constelaciones familiares, este acto de afirmación es clave para sanar heridas del pasado y para liberar patrones negativos que pueden haber sido transmitidos a través de generaciones. Al aceptar plenamente la vida, con todas sus luces y sombras, se abre la puerta a una mayor plenitud y bienestar.

Este enfoque nos recuerda que la vida, en todas sus manifestaciones, es un regalo que merece ser celebrado y honrado. Al decir sí a la vida, no solo nos reconciliamos con nuestro pasado y nuestra historia familiar, sino que también abrazamos la posibilidad de un futuro más libre y lleno de potencial.

DECIR SÍ A LA VIDA

Cuando te vayas, te despediré con amor,

contemplando tus bellas alas, listas para volar hacia lo infinito.

Me costará soltarte,

mi ego jugará con mi mente

y mis lágrimas intentarán nublar la verdad de tu partida.

Aunque conocí tu sufrimiento y comprendí tu cansancio,

sabía que anhelabas la libertad que solo la muerte puede dar,

sin embargo, mi ego, aferrado al miedo, se resiste a dejarte ir.

Pero sé que un día, también yo emprenderé mi propio viaje,

y quizás te encuentre de nuevo,

a ti, y a todos aquellos que se han ido antes.

Hoy, elijo quedarme aquí,

elijo la vida,

digo sí a la vida.

Y si un día la enfermedad me alcanza, también la aceptaré,

caminaré el sendero que cada síntoma me revele,

no seré prisionero de la enfermedad,

no cerraré mis ojos para ignorarla.

Elijo la vida, en toda su plenitud,

y todo lo que forma parte de ella.

Lidia Nester

ENFERMEDAD Y SALUD

La salud y la enfermedad deben ser comprendidas no solo como fenómenos físicos o médicos, sino como manifestaciones de dinámicas profundas y complejas dentro del sistema familiar. Estas incluyen conflictos no resueltos, exclusiones o lealtades invisibles que se perpetúan a través de las generaciones. Este enfoque sistémico nos invita a ver la enfermedad desde una perspectiva más amplia, integrando elementos emocionales, psicológicos y espirituales en la comprensión de la salud.

En este contexto, la enfermedad se convierte en una especie de mensajera, revelando aspectos ocultos o no reconocidos del sistema familiar. En lugar de culpar a quien padece la enfermedad, es crucial entender que esta puede estar señalando una carga emocional, un conflicto no resuelto o un desequilibrio en el sistema familiar. Por ejemplo, un síntoma físico puede ser el reflejo de un conflicto latente entre miembros de la familia o una lealtad inconsciente hacia un ancestro que sufrió injusticias, exclusión o sufrimiento.

Las lealtades invisibles representan la tendencia inconsciente de los miembros de una familia a repetir patrones de comportamiento, emociones o destinos de sus antepasados. Estas lealtades pueden manifestarse en la replicación de enfermedades, adicciones, fracasos u otros sufrimientos. Estas conexiones son particularmente intensas si un ancestro fue excluido, maltratado o ignorado por la familia. La exclusión de un miembro ya sea por juicios morales, secretos familiares o eventos traumáticos, deja una marca profunda en el sistema familiar. Sanar en este contexto significa reconocer y reintegrar a estos miembros excluidos, restaurando el equilibrio y permitiendo que el amor fluya libremente a través del sistema.

El proceso de sanación en las Constelaciones Familiares se centra en la integración de estos aspectos ocultos o negados. Esto implica reconocer las cargas que uno ha asumido inconscientemente y decidir conscientemente liberarse de ellas, así como dar un lugar en el corazón y en la historia familiar a los ancestros que fueron excluidos u olvidados. Al hacer esto, se libera la energía atrapada en estos patrones y se abre espacio para una mayor salud y bienestar dentro del sistema familiar.

LEALTADES INVISIBLES Y ENFERMEDAD

Las lealtades invisibles son compromisos inconscientes que los individuos adoptan hacia su familia, muchas veces como un medio para asegurar su pertenencia o para compensar sufrimientos pasados. Estos vínculos invisibles, aunque no siempre evidentes, pueden influir profundamente en nuestras vidas, manifestándose en formas de enfermedad o malestar.

Estas lealtades surgen cuando una persona, movida por un sentido de amor y fidelidad, asume cargas emocionales o psicológicas que no le corresponden, como el dolor o la culpa de otro miembro de la familia. Por ejemplo, un individuo puede desarrollar una enfermedad crónica como un mecanismo de "expiación" por los errores o sufrimientos de un ancestro. En este contexto, la enfermedad no es solo un malestar físico, sino una expresión de una lealtad inconsciente que busca honrar y perpetuar la historia familiar.

A través de este tipo de lealtades, las personas buscan mantener una conexión con su linaje y con las experiencias de sus antepasados, aunque esto implique sacrificios personales significativos. La enfermedad se convierte en una manifestación simbólica de esta lealtad, donde el individuo, sin saberlo, carga con el peso emocional de generaciones pasadas. Este proceso puede ser una forma de mantener la unidad familiar, pero a expensas de la propia salud y bienestar.

El reconocimiento y la comprensión de estas lealtades invisibles son fundamentales para el proceso de sanación. Al identificar cómo estas lealtades inconscientes están influyendo en la vida de una persona, es posible comenzar a liberar estas cargas emocionales y restablecer un equilibrio saludable. Las terapias como las Constelaciones Familiares ofrecen herramientas para explorar y resolver estas dinámicas, permitiendo que las personas puedan sanar y liberarse de los patrones heredados que ya no les sirven.

EL CUERPO EMOCIONAL Y FÍSICO

En el ámbito de las Constelaciones Familiares, se subraya la profunda interconexión entre el cuerpo emocional y el físico. Este enfoque reconoce que las emociones no expresadas o reprimidas—como el dolor, la tristeza, la ira o el miedo—pueden manifestarse en el cuerpo físico, dando lugar a enfermedades o síntomas físicos. El trabajo de las constelaciones familiares facilita la revelación y liberación de estas emociones atrapadas, lo que frecuentemente resulta en una notable mejora en la salud tanto física como emocional.

El cuerpo emocional actúa como un receptáculo para nuestras experiencias emocionales, tanto conscientes como inconscientes. En las constelaciones familiares, se entiende que las emociones no resueltas o reprimidas pueden tener un impacto profundo en nuestra salud física. Por ejemplo, una persona que ha atravesado una pérdida significativa y no ha tenido la oportunidad de procesar adecuadamente su duelo puede desarrollar problemas físicos como dificultades respiratorias o desequilibrios en la presión arterial. Estos síntomas físicos suelen ser una manifestación del cuerpo tratando de alertar sobre la necesidad de abordar las emociones subyacentes.

El cuerpo físico, por su parte, se convierte en el escenario donde se manifiestan las consecuencias de estas dinámicas emocionales y sistémicas. En este contexto, la enfermedad puede interpretarse como una "alarma" que señala la presencia de un problema subyacente, ya sea de índole emocional, relacional o sistémico. Por ejemplo, dolores crónicos, enfermedades recurrentes o síntomas inexplicables están relacionados con emociones no procesadas o dinámicas familiares no resueltas. Al abordar estas cuestiones a través de las constelaciones familiares, se facilita el desbloqueo y la sanación de las emociones reprimidas, permitiendo que el cuerpo físico recupere su equilibrio y bienestar.

LA SOMATIZACIÓN

La somatización es un fenómeno en el que las emociones no expresadas o reprimidas se manifiestan en el cuerpo en forma de malestares físicos o enfermedades. Este proceso ocurre cuando una persona no se permite sentir o expresar emociones como la ira o la tristeza, ya sea por normas sociales, culturales o personales que reprimen estas experiencias. Las emociones contenidas buscan una salida y, al no encontrarla en el ámbito emocional, se manifiestan a través del cuerpo, creando síntomas físicos que reflejan el malestar interno.

En el contexto de las constelaciones familiares, se trabaja para identificar y liberar estas emociones reprimidas que se han convertido en bloqueos físicos. La metodología de las constelaciones familiares permite explorar las relaciones y dinámicas dentro del sistema familiar para descubrir las raíces emocionales de los problemas físicos. A través de este proceso, se facilita la expresión de emociones que han sido contenidas, promoviendo así un mayor equilibrio entre el cuerpo y la mente.

Al liberar estas emociones atrapadas, no solo se alivia el malestar emocional, sino que también se puede observar una mejora significativa en la salud física. Al abordar y resolver las experiencias emocionales subyacentes, el cuerpo físico puede recuperar su vitalidad y bienestar, logrando así un estado de salud integral y armonioso. Esta integración de la mente y el cuerpo, promovida por las constelaciones familiares, ofrece una vía poderosa para la sanación y el fortalecimiento de ambos.

LA RELACIÓN CON LOS PADRES Y LA SALUD

La relación con los padres es un pilar fundamental que impacta profundamente en la salud física y emocional de una persona. Aceptar plenamente la vida tal como fue transmitida por ellos, con todas sus luces y sombras, es crucial para alcanzar una existencia plena y equilibrada. La falta de reconciliación con los padres puede llevar a una desconexión de nuestra vitalidad y, en muchos casos, manifestarse en enfermedades físicas o emocionales.

Aceptar a los padres no implica necesariamente estar de acuerdo con todas sus decisiones o comportamientos, sino más bien aceptar el legado que nos han ofrecido. Este acto de aceptación es una liberación de resentimientos, juicios y cargas que no nos corresponden. Al abrazar a los padres tal como son, sin intentar cambiarlos o criticarlos, podemos acceder a una fuente profunda de bienestar y vitalidad.

Desde la perspectiva de las Constelaciones Familiares, la enfermedad no se considera meramente una desgracia o una maldición, sino una señal o un llamado a la atención, una oportunidad para el crecimiento y la transformación personal. La enfermedad puede servir como un reflejo de las dinámicas no resueltas dentro del sistema familiar, ofreciendo una oportunidad para confrontar y sanar heridas profundas.

El proceso de sanación a través de las Constelaciones Familiares implica un examen minucioso de la historia familiar, reconociendo las dinámicas que pueden estar influyendo en la enfermedad. Esto incluye explorar temas como la exclusión, lealtades invisibles y emociones reprimidas. Al hacer conscientes estas dinámicas y trabajar con ellas, es posible liberar patrones de comportamiento destructivos y restablecer el equilibrio en el sistema familiar.

El trabajo con las dinámicas familiares mediante las Constelaciones puede llevar a una mayor paz interior y una vida más plena. La reconciliación con los padres y la aceptación de la herencia familiar tal como es permite liberarse de cargas innecesarias, facilitando una vida más auténtica y saludable. Este proceso de sanación beneficia no solo al individuo, sino también al sistema familiar en su totalidad, permitiendo que el amor y la vitalidad fluyan libremente a través de las generaciones.

Las Constelaciones Familiares ayudan a las personas a reconocer y liberar emociones atrapadas. A través de la exploración de las relaciones familiares y las dinámicas sistémicas, se facilita la expresión y liberación de emociones reprimidas. Este proceso no solo alivia el malestar emocional, sino que también puede llevar a una mejora en la salud física. Al abordar las emociones y experiencias subyacentes, se permite que el cuerpo se recupere y se fortalezca, promoviendo un bienestar integral.

La conexión entre el cuerpo emocional y físico en las Constelaciones Familiares subraya la importancia de abordar tanto los aspectos emocionales como físicos de la salud. Reconocer y liberar las emociones atrapadas puede ser clave para una sanación profunda y duradera. Este enfoque holístico permite una comprensión más completa de cómo nuestras experiencias emocionales y sistémicas influyen en nuestro bienestar.

CONFIGURANDO AL SER

En Desde la perspectiva de las constelaciones familiares, el ser humano se compone de múltiples dimensiones que van más allá del aspecto físico. Este enfoque holístico abarca no solo lo corporal y emocional, sino también lo mental y espiritual, proporcionando una visión integral de nuestra existencia.

El Cuerpo Emocional

El cuerpo emocional desempeña un papel fundamental en nuestro bienestar general. Las emociones no expresadas o reprimidas tienen el potencial de manifestarse en forma de síntomas físicos, afectando nuestra salud y equilibrio. En el contexto de las constelaciones familiares, se investiga cómo las emociones de generaciones anteriores pueden ser heredadas, y se trabaja para liberar estos sentimientos a través del reconocimiento y la aceptación. Este proceso de sanación emocional puede conducir a una transformación profunda, restaurando tanto la salud emocional como física.

El Cuerpo Físico

El cuerpo físico es el medio por el cual experimentamos la vida cotidiana. Los desequilibrios o enfermedades en el cuerpo suelen ser señales de que algo requiere nuestra atención. Las constelaciones familiares permiten identificar las raíces profundas de las enfermedades, vinculadas a lealtades invisibles o conflictos no resueltos en el sistema familiar. Al abordar estos aspectos, se facilita una mejoría física, dado que cuerpo y mente están intrínsecamente conectados. La resolución de conflictos familiares puede, así, reflejarse en una mejora de la salud física.

El Alma

El alma representa la dimensión más profunda de nuestro ser, y su estado de bienestar está estrechamente relacionado con nuestra salud. En las constelaciones familiares, se considera que el alma de cada individuo está conectada con las almas de sus ancestros y con el sistema familiar en general. Las enfermedades pueden verse como manifestaciones de desarmonía en este nivel profundo. Al trabajar en la constelación, se busca reconciliar estas conexiones para que el alma pueda alinearse con su propósito y, en consecuencia, restaurar la salud del individuo.

El Cuerpo Mental

El cuerpo mental abarca el conjunto de pensamientos, creencias, ideas y percepciones que una persona tiene sobre sí misma, los demás y el mundo en general. Esta dimensión se relaciona con la mente y el pensamiento, incluyendo tanto los procesos conscientes como los inconscientes. El cuerpo mental influye nuestra interpretación de las experiencias y nuestras reacciones ante ellas.

Las creencias limitantes, los pensamientos negativos y los patrones mentales disfuncionales pueden tener un impacto significativo en nuestra salud física y emocional. Por ejemplo, una persona que mantiene una visión negativa de sí misma puede experimentar problemas de autoestima que afectan su bienestar general. En las constelaciones familiares, se examina cómo las creencias y pensamientos individuales están influenciados por el sistema familiar. Muchas de estas creencias y patrones son heredados de nuestros padres y ancestros, reflejando lealtades invisibles o intentos de resolver conflictos no resueltos dentro del sistema familiar.

Este enfoque integral permite una comprensión más profunda del ser humano, facilitando la identificación y resolución de los factores que afectan nuestra salud y equilibrio en todos los niveles: emocional, físico, mental y espiritual.

.

CREENCIAS LIMITANTES Y TRANSGENERACIONALES

Las creencias limitantes son aquellas ideas que actúan como barreras invisibles, restringiendo nuestro potencial y bienestar. Estas pueden ser sobre uno mismo, como "no soy suficiente" o "no merezco ser feliz", o sobre el mundo en general, como "la vida es difícil" o "no se puede confiar en la gente". En el marco de las constelaciones familiares, estas creencias tienen una raíz transgeneracional, transmitiéndose de generación en generación y afectando de manera inconsciente las decisiones y experiencias de los miembros de la familia.

Durante una sesión de constelaciones familiares, el cuerpo mental juega un papel crucial en la identificación de patrones de pensamiento recurrentes, creencias limitantes y percepciones distorsionadas que el cliente pueda tener. El facilitador trabaja para ayudar al cliente a reconocer estos patrones y a rastrear su origen dentro del sistema familiar. Este proceso puede ser profundamente transformador, ya que permite al cliente liberar pensamientos y creencias que ya no le sirven y que podrían estar contribuyendo a problemas persistentes en su vida.

Por ejemplo, un cliente puede descubrir que arrastra una creencia arraigada de que "no merece éxito" debido a un patrón familiar de fracaso o sacrificio. A través del trabajo de constelación, el cliente puede identificar el origen de esta creencia y trabajar para liberarla, abriendo la puerta a nuevas posibilidades y oportunidades en su vida.

Otro caso podría ser un individuo que se siente atrapado en un ciclo de culpa o autodevaluación, impulsado inconscientemente por el deseo de expiar las acciones de un ancestro.

Al reconocer esta dinámica, el cliente puede liberarse de la carga innecesaria, comprendiendo que cada miembro de la familia tiene su propio destino y que no necesita cargar con las responsabilidades de otros.

Asimismo, las percepciones negativas sobre uno mismo o sobre la vida pueden ser el resultado de historias familiares no contadas o traumas no resueltos. Al trabajar estas historias en las constelaciones, el cliente tiene la oportunidad de cambiar su perspectiva y alcanzar un mayor sentido de paz y aceptación, reconciliándose con su historia personal y familiar.

El camino hacia una mente saludable en el contexto de las constelaciones familiares no se limita a identificar y cambiar pensamientos y creencias. Se trata de una profunda reconexión con la propia verdad y de alinearse con una comprensión más auténtica de uno mismo y del sistema familiar. A medida que se liberan los patrones mentales restrictivos y se adoptan nuevas formas de pensar, el cliente puede experimentar un mayor bienestar, que se refleja no solo en el ámbito mental, sino también en el emocional y físico. Este proceso de transformación integral permite una vida más equilibrada y plena, alinear la mente con una visión más sana y constructiva del propio ser y de las relaciones familiares.

El cuerpo mental, como parte integral de nuestra existencia, juega un rol crucial en cómo experimentamos la vida y cómo nos relacionamos con nosotros mismos y con los demás. A través de las constelaciones familiares, es posible explorar y transformar los patrones mentales que nos limitan, abriendo el camino hacia una vida más plena y equilibrada. Este enfoque holístico nos recuerda que nuestra mente no está aislada de nuestras emociones, cuerpo o espíritu, sino que todos estos aspectos están interconectados, influyendo mutuamente en nuestra salud y bienestar.

IMPLICACIONES

Las implicaciones deben ser evaluadas de manera individualizada, dado que no existe un patrón universal aplicable a todos los casos. Cada situación es única y requiere una exploración detallada dentro del contexto de una constelación familiar. Aunque se pueden observar ciertos patrones relacionados con condiciones como enfermedades congénitas, anorexia, bulimia, asma, cáncer, adicciones, Alzheimer y otras manifestaciones, estos ejemplos no deben ser considerados como reglas absolutas.

Cada caso es una combinación compleja de factores emocionales, psicológicos y familiares que interactúan de manera singular. En las constelaciones familiares, se busca identificar y comprender cómo los eventos y patrones transgeneracionales pueden influir en la manifestación de estas condiciones. Por ejemplo, una enfermedad congénita puede estar vinculada a una dinámica de rechazo o abandono experimentada en generaciones anteriores. Del mismo modo, trastornos como la anorexia o la bulimia podrían reflejar un conflicto interno relacionado con la autoaceptación y las expectativas familiares.

El asma, el cáncer o las adicciones pueden tener raíces en patrones familiares de estrés crónico, traumas no resueltos o hábitos disfuncionales que se han transmitido a través de generaciones. El Alzheimer, por su parte, puede estar relacionado con el procesamiento emocional de recuerdos y experiencias no resueltos, que afectan la claridad mental y el bienestar general.

Cada situación exige una evaluación cuidadosa para desentrañar las posibles conexiones y tendencias que podrían estar influyendo en la enfermedad o en la calidad de vida del individuo. La constelación familiar permite explorar estas dinámicas ocultas y proporciona un espacio para restaurar el equilibrio y la armonía en el sistema familiar. A través de este proceso, es posible descubrir y sanar las raíces profundas que contribuyen a la manifestación de las enfermedades, brindando así una oportunidad para el bienestar y la sanación a nivel físico y emocional.

Es esencial que cada exploración en una constelación familiar se realice con un enfoque personalizado, reconociendo la complejidad de cada individuo y respetando las particularidades de su historia familiar. Solo así se podrá abordar de manera efectiva las implicaciones y encontrar caminos hacia la sanación y el equilibrio.

Algunos de los temas a investigar incluyen:

- "Te sigo": Esta implicación puede reflejar un deseo de seguir o estar al nivel de alguien en la familia, en un intento de honrar o estar en sintonía con un ancestro.
- "Me culpo": Este sentimiento de culpa puede surgir como una forma de expiación por errores o faltas propias, buscando reparar una deuda emocional con uno mismo.
- "Me culpo por ti": Aquí, la culpa se atribuye a uno mismo en nombre de alguien más en la familia, como una forma de asumir la responsabilidad por las dificultades o errores de otros miembros del árbol genealógico.
- "Igual que tú": Esta implicación puede mostrar un intento inconsciente de igualarse a un miembro de la familia, replicando sus experiencias o sufrimientos como una manera de compartir su carga emocional.

Estos ejemplos ayudan a entender cómo las implicaciones pueden influir en las dinámicas familiares y en la manifestación de enfermedades o comportamientos, pero cada caso debe ser considerado en su propio contexto.

MANIFESTACIONES CONGÉNITAS

Las manifestaciones congénitas, también conocidas como trastornos congénitos, son condiciones médicas presentes desde el nacimiento que afectan significativamente la estructura o función del cuerpo. Estas condiciones pueden variar ampliamente en su gravedad y pueden tener múltiples orígenes, incluyendo factores genéticos, infecciones maternas, o exposiciones ambientales durante el embarazo. En el contexto de las constelaciones familiares, las enfermedades congénitas se abordan desde una perspectiva sistémica, investigando cómo las dinámicas familiares y los patrones transgeneracionales pueden influir en su aparición y desarrollo.

Desde la óptica de las constelaciones familiares, se exploran varios aspectos clave en relación con las enfermedades congénitas. Una de las áreas de enfoque es la herencia y la memoria transgeneracional. Se investiga si la presencia de enfermedades congénitas en una familia está vinculada a patrones heredados o memorias transgeneracionales, tales como la repetición de condiciones similares a lo largo de varias generaciones. Al identificar y comprender estas conexiones, se busca aliviar las cargas emocionales que pueden acompañar a la enfermedad y contextualizar mejor su origen en el sistema familiar.

Otro aspecto importante en las constelaciones familiares es el concepto de lealtades invisibles. Estas lealtades son compromisos inconscientes que los miembros de una familia pueden asumir para honrar a sus antepasados o para mantener una conexión con ellos. En el caso de las enfermedades congénitas, se explora si el individuo afectado está manifestando la enfermedad como una forma de expresar una lealtad hacia un miembro de la familia que también sufrió una condición similar. Este fenómeno puede ser una forma inconsciente de pertenencia o solidaridad con la historia familiar.

Las constelaciones familiares también examinan el impacto de eventos traumáticos en la línea familiar. Traumas como guerras, pérdidas repentinas o accidentes graves pueden dejar una huella en la psique familiar, transmitiéndose a través de las generaciones. Estos eventos traumáticos pueden influir en la manifestación de enfermedades congénitas en los descendientes. Al reconocer y trabajar con estos traumas, las constelaciones buscan resolver las dinámicas subyacentes y aliviar las cargas emocionales que pueden estar relacionadas con la enfermedad.

Además, en algunos casos, las enfermedades congénitas pueden estar vinculadas a sentimientos de culpa o a un deseo inconsciente de expiación por actos cometidos por miembros anteriores de la familia. Estos sentimientos pueden llevar a la manifestación de una enfermedad como una forma de compensación o pago por errores percibidos en el pasado.

Por ejemplo, una familia podría explorar un patrón de enfermedades genéticas como la fibrosis quística o la distrofia muscular que ha aparecido en varias generaciones. La constelación podría revelar si existe una carga emocional relacionada con estas condiciones que necesita ser abordada. De manera similar, malformaciones congénitas como el labio leporino o defectos cardíacos pueden ser examinadas para comprender si hay dinámicas familiares no resueltas, como el duelo no procesado o la exclusión de un antepasado, que influyan en su aparición. En el caso de enfermedades metabólicas congénitas como la fenilcetonuria, las constelaciones pueden ayudar a explorar posibles lealtades invisibles o compromisos inconscientes que podrían estar afectando la manifestación de la enfermedad.

El trabajo con constelaciones familiares para abordar enfermedades congénitas implica varios pasos importantes. Uno de los primeros es el reconocimiento y la aceptación de la enfermedad como parte de la realidad familiar. Esto significa ver y honrar la condición sin juzgarla, lo que puede ser un paso fundamental hacia la sanación y el alivio de las cargas emocionales asociadas. Las constelaciones buscan restablecer los órdenes naturales del amor, reconociendo a todos los miembros de la familia y aceptando su destino. Esto puede incluir dar un lugar a la enfermedad dentro del sistema familiar, honrar a los miembros afectados y reconocer cualquier patrón que pueda estar contribuyendo a la manifestación de la enfermedad.

Además, el trabajo con constelaciones familiares puede ayudar a liberar culpas y cargas emocionales vinculadas a la enfermedad, incluyendo sentimientos de culpa o expiación por parte de algún miembro de la familia. Al abordar y resolver estas dinámicas, se facilita una vida más plena y saludable para el individuo afectado y sus familiares.

Aunque las enfermedades congénitas tienen una base genética o médica clara, abordarlas desde la perspectiva de las constelaciones familiares proporciona una dimensión adicional que explora conexiones emocionales, transgeneracionales y sistémicas. Este enfoque complementa la atención médica, ofreciendo una herramienta poderosa para la sanación y el alivio de las cargas emocionales asociadas a las enfermedades congénitas.

ANOREXIA Y BULIMIA

La anorexia y la bulimia son trastornos alimentarios profundamente enraizados en conflictos emocionales y psicológicos, y en las Constelaciones Familiares se exploran como manifestaciones de cargas emocionales y dinámicas familiares no resueltas.

La anorexia se puede entender como una expresión extrema de un conflicto interno significativo, asociado con una necesidad imperiosa de control o un rechazo a la vida misma. Este trastorno puede reflejar una lucha interna por mantener un control riguroso sobre el cuerpo como una forma de manejar sentimientos de inseguridad o vacío. En el contexto de las Constelaciones Familiares, se investiga si el individuo está cargando con emociones que no le pertenecen, tales como una pérdida no reconocida o el dolor de un miembro de la familia excluido. La anorexia puede ser vista como una manifestación de una necesidad de control que en realidad es un intento de manejar o escapar de sentimientos más profundos. Al identificar y liberar estas dinámicas, se puede ayudar al individuo a restablecer una relación saludable con su cuerpo y con la alimentación, promoviendo el amor propio y una mayor aceptación personal.

Por otro lado, la bulimia también está estrechamente vinculada con conflictos emocionales no resueltos. En una constelación, se explora si existe una lucha interna entre la necesidad de llenar un vacío emocional y la culpa asociada a este comportamiento. La bulimia puede surgir como un intento de lidiar con sentimientos de vacío o angustia, alternando entre episodios de ingesta excesiva y purgas como una forma de manejar la culpa y el autojuicio. Estos patrones están relacionados con expectativas familiares de perfección o con el intento de conectar con un familiar que ha sufrido exclusión o trauma. El comportamiento bulímico puede ser una forma de lidiar con la presión interna y los sentimientos no resueltos que se han transmitido a través de las generaciones.

Sanar estas heridas emocionales a través de las Constelaciones Familiares puede llevar a una transformación significativa en la relación del individuo con la comida y con uno mismo. Al abordar y resolver estas dinámicas ocultas, se puede facilitar una mayor integración emocional, permitiendo al individuo encontrar un equilibrio interno y una relación más saludable con la alimentación. Esta reconciliación interna y familiar es crucial para superar los trastornos alimentarios y promover una vida más plena y equilibrada.

ASMA Y ALERGIAS

Desde la perspectiva de las Constelaciones Familiares, tanto el asma como las alergias pueden ser interpretadas como manifestaciones físicas de conflictos emocionales o dinámicas familiares no resueltas. Estas condiciones físicas reflejan, en muchos casos, una profunda experiencia de limitación o restricción en el ámbito emocional o psicológico.

El asma, una afección caracterizada por la inflamación y el estrechamiento de las vías respiratorias, se asocia con conflictos relacionados con los límites personales y el espacio vital. Las personas que sufren de asma pueden experimentar una sensación de sofocación o de estar atrapadas en sus relaciones o circunstancias de vida. Esto puede surgir de situaciones familiares en las que el individuo siente una presión constante o demandas que limitan su libertad personal. Desde la óptica de las constelaciones, este conflicto de límites puede estar vinculado a una herencia emocional de generaciones anteriores. Por ejemplo, un ancestro podría haber enfrentado una situación de opresión o falta de libertad, y esta experiencia emocional se transmite inconscientemente a sus descendientes. A través del trabajo con constelaciones familiares, se puede identificar y liberar esta lealtad inconsciente a un familiar que vivió en condiciones restrictivas, permitiendo al individuo recuperar un sentido de libertad y expansión en su vida.

Las alergias, por otro lado, se manifiestan como reacciones exageradas del sistema inmunológico a sustancias que en condiciones normales no deberían causar problemas. Desde el enfoque de las constelaciones familiares, estas reacciones pueden simbolizar una aversión o rechazo hacia experiencias emocionales o dinámicas familiares específicas. Las alergias pueden reflejar una sensibilidad extrema a ciertas situaciones o personas dentro del sistema familiar. Por ejemplo, una alergia puede ser una forma simbólica de protegerse de enfrentar un conflicto no resuelto con un miembro de la familia o una experiencia dolorosa que el individuo no ha podido procesar adecuadamente. A través del análisis en las constelaciones, se pueden revelar patrones de exclusión, rechazo o trauma que están manifestándose en el cuerpo como una forma de proteger al individuo de enfrentar emociones difíciles.

En ambos casos, el proceso de constelaciones familiares permite explorar y desentrañar estos patrones ocultos. Al revelar las dinámicas subyacentes y las lealtades inconscientes que afectan la salud del individuo, se puede trabajar hacia una sanación profunda, restaurando el equilibrio y permitiendo que el flujo emocional y físico se restablezca de manera más libre y saludable.

DINÁMICAS COMUNES Y PROCESOS DE SANACIÓN

- Tanto en el asma como en las alergias, puede haber una dinámica de exclusión en el sistema familiar. Por ejemplo, un miembro de la familia que ha sido excluido o rechazado por su comportamiento o por un evento específico puede ser representado simbólicamente por la enfermedad. Al incluir a este miembro de la familia en la constelación y reconocer su lugar en el sistema, se puede aliviar la carga emocional que causa la enfermedad.

- Los síntomas de asma y alergias pueden ser expresiones de lealtades invisibles hacia un ancestro o familiar que ha experimentado situaciones de asfixia emocional o rechazo. Al traer estas dinámicas a la luz y reconocer las emociones y experiencias de los ancestros, el individuo puede liberar estas lealtades y sanar.

- En el caso del asma, el tema de los límites es especialmente relevante. Puede reflejar una dificultad para establecer límites saludables en las relaciones personales o una sensación de estar invadido por las expectativas de otros. Trabajar en estos aspectos puede ayudar a aliviar los síntomas del asma.

- Un aspecto crucial en el proceso de sanación es la aceptación y el reconocimiento de las dinámicas familiares. Esto incluye aceptar a todos los miembros de la familia tal como son y reconocer las historias y experiencias que han llevado a las dinámicas actuales. A través de este proceso, se puede lograr una mayor paz y armonía en el sistema familiar, lo que puede tener un impacto positivo en la salud del individuo.

EL CÁNCER

Desde la perspectiva de las constelaciones familiares, el cáncer no es solo una enfermedad física, sino que puede ser una manifestación de conflictos profundos y no resueltos dentro del sistema familiar. Esta visión propone que el cáncer puede surgir como una expresión física de cargas emocionales, secretos familiares, lealtades invisibles y traumas no reconocidos. A continuación, exploraremos algunas dinámicas y ejemplos relevantes que pueden estar implicados en el desarrollo de esta enfermedad.

En primer lugar, las lealtades invisibles juegan un papel crucial. En el marco de las constelaciones familiares, se entiende que los miembros de una familia pueden manifestar enfermedades como una forma inconsciente de mostrar lealtad a un ancestro que sufrió o murió de una enfermedad similar. Por ejemplo, un nieto podría desarrollar cáncer en un intento de honrar y recordar a un abuelo que también padeció la misma enfermedad. Esta lealtad inconsciente puede llevar a la perpetuación de patrones familiares de enfermedad, aún cuando el individuo no es consciente de esta conexión.

Los conflictos de pertenencia y exclusión también pueden ser un factor determinante en el desarrollo del cáncer. Cuando un miembro de la familia ha sido excluido, rechazado o deshonrado, es posible que otro miembro manifieste la enfermedad como una forma de expresar o "llevar" esa exclusión. Este comportamiento suele ser un intento inconsciente de equilibrar el sistema familiar, muchas veces a costa de la propia salud. Por ejemplo, si un hijo fue marginado o desconsiderado dentro de la familia, otro miembro podría desarrollar cáncer como un medio simbólico para restaurar el equilibrio perdido.

Los secretos familiares, particularmente aquellos relacionados con la vergüenza o la culpa, también pueden tener un impacto significativo en los descendientes. El cáncer puede surgir como una manifestación de estos secretos no revelados. Por ejemplo, un aborto no reconocido o un incidente de abuso oculto puede crear una carga emocional que se manifiesta en generaciones posteriores en forma de cáncer. Estos secretos, al no ser confrontados ni resueltos, pueden seguir afectando a las generaciones futuras.

Asimismo, los traumas no resueltos pueden dejar una marca duradera en el sistema familiar. Experiencias dolorosas como la pérdida de un ser querido, violencia o abusos pueden ser transmitidas a través de generaciones y manifestarse en enfermedades graves como el cáncer. Por ejemplo, una persona cuyo ancestro sufrió un trauma severo durante un conflicto bélico podría desarrollar cáncer como una forma inconsciente de expresar y procesar ese trauma no resuelto. La enfermedad se convierte así en una manifestación física de un sufrimiento emocional que no ha sido adecuadamente trabajado o integrado.

Desde la perspectiva de las constelaciones familiares, el cáncer puede ser visto como una expresión de dinámicas y conflictos no resueltos dentro del sistema familiar. La enfermedad no solo refleja la carga emocional y los traumas acumulados, sino también las lealtades invisibles y los secretos que aún afectan a las generaciones actuales. Comprender estas dinámicas puede ofrecer una visión más profunda sobre la naturaleza de la enfermedad y abrir caminos para la sanación a través de la resolución de los conflictos subyacentes.

EJEMPLOS DE CASOS DE CÁNCER EN CONSTELACIONES FAMILIARES

- **Caso de Cáncer de Mama:** En un taller de constelaciones familiares, una mujer con cáncer de mama descubrió que estaba llevando una carga relacionada con su abuela, que había perdido un hijo durante la guerra. La abuela nunca había hablado del dolor de esa pérdida, y la familia había evitado el tema. La mujer, a través de la constelación, pudo reconocer la pérdida y el dolor de su abuela, liberando así la carga que inconscientemente había llevado.

- **Caso de Cáncer de Colon:** Un hombre con cáncer de colon participó en una constelación familiar donde se reveló que había un secreto en su familia relacionado con un abuso que había sufrido su madre. El abuso nunca se había discutido abiertamente en la familia, y el hombre no era consciente de ello. Al reconocer el dolor de su madre y darle un lugar en la familia, pudo comenzar a liberar la carga emocional que llevaba y que se había manifestado como cáncer.

- **Caso de Cáncer de Pulmón:** Una mujer con cáncer de pulmón descubrió a través de una constelación que estaba llevando el dolor de un bisabuelo que había sido excluido de la familia por razones políticas. El bisabuelo había sido un disidente político y había muerto en circunstancias trágicas. La exclusión y el silencio en torno a su vida y muerte habían creado una carga emocional en el sistema familiar. Al darle un lugar a su bisabuelo en la constelación y reconocer su vida y su lucha, la mujer pudo liberar parte del dolor que llevaba.

El cáncer, desde la perspectiva de las constelaciones familiares, puede ser visto como una llamada del alma para abordar conflictos no resueltos, secretos, y lealtades invisibles dentro del sistema familiar.
Al trabajar con estas dinámicas a través de las constelaciones, es posible traer a la luz los conflictos ocultos y comenzar un proceso de sanación profundo. Aunque las constelaciones no reemplazan el tratamiento médico, pueden ofrecer una comprensión complementaria y profunda de las raíces emocionales y sistémicas de la enfermedad.

FATIGA CRÓNICA

La fatiga crónica tiene sus raíces en cargas emocionales o familiares profundas que agotan la energía vital del individuo. En una sesión de constelación familiar, es posible descubrir si la persona está cargando con responsabilidades emocionales que no le corresponden, o si existe una lealtad inconsciente hacia un familiar que ha experimentado sufrimiento. Estas cargas no siempre son evidentes a nivel consciente, pero su impacto puede ser significativo en el bienestar físico y emocional de la persona.

Durante la constelación, se exploran las conexiones entre el individuo y su sistema familiar para identificar dinámicas que podrían estar contribuyendo a la fatiga. Por ejemplo, es posible que una persona esté llevando consigo el peso de problemas familiares no resueltos, conflictos de generaciones pasadas o traumas de un familiar, incluso sin tener una conciencia plena de estos factores. Esta carga emocional adicional puede manifestarse en síntomas de agotamiento extremo y una sensación generalizada de falta de energía.

El proceso de la constelación permite visualizar y reconocer estas dinámicas ocultas. Al entender quién es el verdadero portador de estas cargas emocionales, el individuo puede comenzar a liberar la responsabilidad que no le pertenece. Devolver estas responsabilidades a sus legítimos dueños dentro del sistema familiar no solo ayuda a restablecer el equilibrio, sino que también permite al individuo recuperar su propia energía y vitalidad.

En el contexto de la constelación, se busca restaurar el orden natural y la armonía en el sistema familiar. Al hacerlo, el individuo puede experimentar un alivio significativo de la fatiga crónica, al verse liberado de cargas emocionales innecesarias. Este proceso de sanación puede resultar en una revitalización tanto a nivel físico como emocional, permitiendo al individuo recuperar su bienestar y experimentar una mayor calidad de vida.

Por lo tanto, la exploración de estas dinámicas familiares y el ajuste de las cargas emocionales en una constelación familiar pueden ser cruciales para abordar la fatiga crónica, ofreciendo una solución que va más allá de los tratamientos convencionales y que trabaja directamente con las raíces emocionales y psicológicas del problema.

DEPRESIÓN

En el contexto de las constelaciones familiares, la depresión se puede entender como una manifestación de desconexión con el flujo natural de la vida. Este estado emocional está arraigado en duelos no resueltos o en una profunda identificación con la experiencia de sufrimiento de un familiar. En muchos casos, la depresión puede actuar como una forma inconsciente de lealtad hacia miembros de la familia que han atravesado períodos de tristeza o desesperanza.

Este fenómeno de lealtad inconsciente ocurre cuando una persona, sin darse cuenta, toma sobre sí misma las cargas emocionales y los patrones de sufrimiento que pertenecen a sus antepasados. Por ejemplo, si un miembro de la familia sufrió una pérdida significativa o vivió una vida marcada por la tristeza, es posible que sus descendientes sientan una conexión profunda con ese dolor, como si se tratara de una forma de honrar o recordar a ese familiar. Esta identificación puede llevar a la persona a experimentar síntomas depresivos, como si llevara el peso de la tristeza familiar en su propia vida.

La depresión en este contexto no es meramente un estado clínico, sino un reflejo de dinámicas familiares más amplias que afectan al individuo. El trabajo en constelaciones familiares busca desentrañar estas conexiones ocultas, permitiendo que el flujo natural de la vida se restablezca. Al iluminar y comprender estas lealtades inconscientes, es posible liberar a la persona de las cargas emocionales heredadas y permitir que se abra un camino hacia la sanación y el bienestar emocional.

La clave en este proceso es reconocer y honrar el sufrimiento de los antepasados sin quedar atrapado en él. Las constelaciones familiares ofrecen una oportunidad para que el individuo se distancie de estas lealtades dolorosas, restableciendo así su propio equilibrio emocional y abriendo la puerta a una vida más plena y conectada. Al reconciliarse con el pasado y comprender las raíces de su depresión, la persona puede encontrar una mayor paz interior y liberar el flujo natural de la vida en su propio ser.

SUICIDIO

En el contexto de las constelaciones familiares, el suicidio es interpretado como una manifestación extrema de un conflicto subyacente profundo, enraizado en dinámicas familiares complejas. Este tipo de tragedia puede estar relacionado con una identificación intensa con un familiar que ha experimentado sufrimiento, así como con un deseo desesperado de escapar de una situación dolorosa e insostenible.

En muchos casos, el suicidio refleja un sentimiento de desesperanza que se ha acumulado a lo largo del tiempo, un reflejo de patrones y heridas no resueltas que se transmiten a través de generaciones. Las constelaciones familiares abordan estos aspectos al desentrañar las conexiones ocultas y los conflictos transgeneracionales que pueden haber contribuido a una sensación de aislamiento y desesperación.

Durante una sesión de constelaciones familiares, se crea un espacio seguro donde las dinámicas familiares y los patrones de comportamiento pueden ser explorados y comprendidos. Esta metodología permite al individuo enfrentar y procesar los sentimientos profundos de angustia y desconexión que pueden estar en juego. A través de la representación de los miembros de la familia y de las relaciones entre ellos, se pueden visualizar y liberar las cargas emocionales que han estado influyendo en la vida del individuo.

El proceso de constelación familiar ofrece una oportunidad para que el individuo reevalúe su relación con la vida y encuentre nuevas formas de conectar con su existencia. Al revelar las dinámicas subyacentes que pueden haber llevado a una crisis tan extrema, el individuo puede comenzar a sanar las heridas emocionales y romper los patrones destructivos que han estado en juego. Esto no solo ayuda a proporcionar una comprensión más profunda de los conflictos internos, sino que también facilita la integración de nuevas perspectivas y estrategias para enfrentar la vida de manera más saludable.

En última instancia, las constelaciones familiares buscan restablecer el equilibrio y la armonía en el sistema familiar, ofreciendo a la persona la posibilidad de reencontrar su sentido de pertenencia y propósito. A través de este proceso, se promueve una mayor conexión con la vida y una nueva posibilidad de vivir en paz y plenitud, alejándose de las antiguas heridas y buscando un futuro más esperanzador.

PSICOSIS

La psicosis es una condición mental compleja que se manifiesta como una desconexión de la realidad, caracterizada por alucinaciones, delirios y trastornos profundos del pensamiento. Desde la perspectiva de las constelaciones familiares, esta condición puede verse como una manifestación de conflictos profundos y no resueltos dentro del sistema familiar. Este enfoque sugiere que las raíces de la psicosis pueden estar vinculadas a traumas familiares, lealtades invisibles, exclusiones y patrones sistémicos que impactan al individuo.

Una de las dinámicas clave que pueden contribuir al desarrollo de la psicosis es la exclusión familiar. En el contexto de las constelaciones familiares, se considera que la exclusión de un miembro de la familia puede crear una desconexión emocional significativa que se manifiesta en el descendiente como una desconexión de la realidad. Por ejemplo, si un miembro de la familia fue rechazado o deshonrado, su ausencia o exclusión de la narrativa familiar puede ser vivida por un descendiente como una desconexión emocional y relacional. Esta separación simbólica puede reflejarse en síntomas psicóticos, donde la realidad del individuo se desvanece como una forma de expresar esa desconexión interna.

Las lealtades invisibles son otro factor importante en la aparición de la psicosis. En el sistema familiar, un individuo puede inconscientemente seguir el destino de un ancestro que también experimentó problemas de salud mental. Esta lealtad no consciente puede manifestarse en síntomas psicóticos como alucinaciones o delirios, que están profundamente conectados con experiencias familiares o traumas no resueltos. La necesidad de mantener una pertenencia y lealtad al sistema familiar puede llevar al individuo a vivir de manera similar a un ancestro que sufrió enfermedades mentales, perpetuando así el ciclo familiar.

Los secretos familiares y los traumas no resueltos también juegan un papel crucial en la psicosis. Los traumas graves, como abusos o violencia, que han sido silenciados dentro de la familia, pueden impactar profundamente a las generaciones siguientes. La psicosis puede surgir como una forma de expresar o contener el dolor y el sufrimiento que no ha sido reconocido ni procesado en el sistema familiar. Por ejemplo, un trauma severo experimentado por un ancestro y nunca abordado puede manifestarse en un descendiente en forma de síntomas psicóticos, actuando como un vehículo para expresar el dolor ancestral.

Además, las identificaciones y proyecciones pueden influir en el desarrollo de la psicosis. A veces, los individuos pueden identificarse inconscientemente con un ancestro que sufrió psicosis o una enfermedad mental relacionada. Esta identificación puede llevar a una repetición del patrón, donde el individuo experimenta síntomas similares sin una causa clara. Las proyecciones de conflictos internos o de otros miembros de la familia también pueden contribuir a la aparición de la psicosis, al proyectar conflictos no resueltos en la realidad percibida por el individuo.

La psicosis puede ser vista a través del prisma de las constelaciones familiares como un reflejo de profundas dinámicas sistémicas y conflictos no resueltos dentro del sistema familiar. Las exclusiones, lealtades invisibles, secretos familiares y proyecciones juegan un papel en la formación de esta condición, subrayando la importancia de abordar y sanar estos patrones para restaurar el equilibrio emocional y psicológico.

Ejemplos de Casos de Psicosis en Constelaciones Familiares

- Caso de Psicosis Paranoide: Un hombre joven con síntomas de psicosis paranoide participó en una constelación familiar, donde se reveló que había una historia de exclusión en su familia relacionada con su bisabuelo, quien había sido acusado falsamente de un crimen. Esta exclusión y el estigma asociado habían sido silenciados y no se discutían en la familia. A través de la constelación, el hombre pudo reconocer la injusticia que sufrió su bisabuelo y darle un lugar en la narrativa familiar, lo que ayudó a aliviar algunos de sus síntomas paranoides.

- Caso de Esquizofrenia: Una mujer con esquizofrenia descubrió en una constelación que estaba llevando el dolor y el trauma de una tía que había sido institucionalizada debido a problemas de salud mental. La familia había evitado hablar de la tía y su situación, creando un tabú en torno al tema. Al reconocer la experiencia de la tía y darle un lugar en la familia, la mujer pudo comenzar a procesar su propio dolor y la carga que llevaba, lo que facilitó un camino hacia la sanación.

- Caso de Trastorno Bipolar: Un joven diagnosticado con trastorno bipolar participó en una constelación familiar donde se reveló que estaba identificado con un ancestro que había sufrido un trauma severo durante la guerra. Este ancestro había experimentado episodios de intensa euforia seguidos de profunda depresión, un patrón que se repetía en el joven. Al reconocer esta identificación y el trauma no resuelto, el joven pudo comenzar a trabajar en su propio proceso de sanación y romper el ciclo.

Desde la perspectiva de las constelaciones familiares, la psicosis y otras enfermedades mentales relacionadas no solo son vistas como problemas individuales, sino como manifestaciones de dinámicas sistémicas dentro de la familia. Al abordar estos conflictos a través de constelaciones, se pueden traer a la luz patrones ocultos, lealtades invisibles y traumas no resueltos, ofreciendo una oportunidad para la sanación profunda. Es importante recordar que las constelaciones familiares no reemplazan el tratamiento médico, sino que ofrecen una comprensión complementaria y una forma de abordar los aspectos emocionales y sistémicos de estas condiciones.

ADICCIONES

Las adicciones se manifiestan como comportamientos compulsivos donde una persona busca alivio o satisfacción a través del uso repetido de sustancias o actividades, a pesar de las consecuencias negativas que esto puede acarrear. Desde la perspectiva de las constelaciones familiares, las adicciones no son meramente problemas individuales, sino que están profundamente entrelazadas con dinámicas familiares no resueltas, lealtades invisibles, traumas transgeneracionales y patrones de comportamiento que se perpetúan dentro del sistema familiar. A continuación, se profundiza en cómo las constelaciones familiares pueden ofrecer una comprensión más profunda de las adicciones y se presentan ejemplos que ilustran diferentes tipos de adicciones.

En el enfoque de las constelaciones familiares, una de las ideas fundamentales es que los individuos pueden experimentar lealtades inconscientes hacia sus antepasados. Estas lealtades pueden llevar a una persona a repetir patrones de comportamiento que se relacionan con adicciones que fueron evidentes en generaciones anteriores. Por ejemplo, si un ancestro luchó con una adicción, un descendiente puede encontrarse inconscientemente replicando ese comportamiento como una forma de mantenerse vinculado a la historia familiar o de cargar con un dolor no resuelto. Esta dinámica puede manifestarse como una necesidad de "compadecerse del mismo destino" o de "compartir el mismo sufrimiento", sin que la persona sea consciente de esta conexión.

Otro aspecto relevante es el papel de la exclusión dentro del sistema familiar. Las adicciones pueden estar vinculadas a la exclusión de un miembro de la familia que fue estigmatizado o deshonrado debido a su comportamiento adictivo. Por ejemplo, si un ancestro fue rechazado o excluido por sus problemas con las adicciones, un descendiente puede desarrollar una adicción como una forma de "darle un lugar" en el sistema familiar o de intentar comprender su experiencia. Esta repetición del comportamiento excluido puede ser un intento inconsciente de sanar la exclusión y restaurar el equilibrio en la familia, buscando así integrar la experiencia del ancestro en el contexto familiar actual.

Las adicciones también pueden funcionar como mecanismos de escape para evitar enfrentar emociones dolorosas o traumas no resueltos. En el marco de las constelaciones familiares, se investiga cómo una persona puede utilizar una adicción para adormecer el dolor asociado con experiencias traumáticas, ya sean personales o heredadas de la familia. Este comportamiento de evasión permite evitar el enfrentamiento con realidades difíciles o verdades emocionales dolorosas, proporcionando una forma de alivio temporal que, sin embargo, perpetúa el problema a largo plazo.

Además, las adicciones se vinculan a patrones de comportamiento que buscan compensar carencias emocionales o relacionales. Por ejemplo, una persona que no se siente capaz de recibir amor o aprobación de su familia puede buscar satisfacción a través de sustancias o comportamientos adictivos. Las constelaciones familiares pueden ayudar a desentrañar cómo estos patrones de comportamiento están conectados con las dinámicas familiares y cómo se pueden abordar de manera más saludable. Al identificar y trabajar con estas conexiones, es posible promover una mayor conciencia y ofrecer alternativas constructivas para manejar las carencias emocionales subyacentes.

En resumen, las adicciones son fenómenos complejos que pueden estar profundamente enraizados en las dinámicas familiares. Las constelaciones familiares ofrecen una perspectiva valiosa para entender cómo las lealtades invisibles, la exclusión, el escapismo emocional y los patrones de comportamiento pueden contribuir al desarrollo y la perpetuación de las adicciones. Al explorar estos aspectos dentro del contexto familiar, se abre la posibilidad de sanar viejas heridas, restaurar el equilibrio y fomentar una vida más saludable y armoniosa.

Diferentes Tipos de Adicciones

Adicciones a Sustancias:

- Alcoholismo: Una de las formas más comunes de adicción, donde el alcohol se utiliza como una forma de escapar de problemas emocionales o como una forma de pertenecer a un grupo social que tiene un historial de consumo excesivo de alcohol.

- Drogadicción: Incluye el uso de drogas ilegales o el abuso de medicamentos recetados. Las constelaciones familiares pueden revelar una conexión con el uso de drogas en generaciones anteriores o una respuesta a traumas no resueltos en la familia.

Adicciones Comportamentales:

- Adicción al Juego: Las personas pueden desarrollar una compulsión hacia el juego como una forma de buscar emoción o evitar el estrés emocional. Esta adicción puede estar relacionada con patrones de riesgo y recompensa que se han transmitido en la familia.

- Adicción al Trabajo (Workaholism): Una forma de adicción que implica una necesidad compulsiva de trabajar excesivamente. Esto puede estar relacionado con un deseo de aprobación o un intento de evitar problemas emocionales y relacionales.

Adicciones Digitales:

- Adicción a la Tecnología: Incluye el uso excesivo de dispositivos electrónicos, redes sociales, videojuegos, etc. Esta adicción puede reflejar una necesidad de escapar de la realidad o de evitar el contacto emocional con los demás.

- Adicción a las Redes Sociales: La búsqueda de validación a través de "me gusta" y comentarios en redes sociales puede convertirse en una compulsión. Esto puede estar relacionado con la falta de autoestima o con patrones de validación externa en la familia.

Adicciones a la Comida:

- Trastornos Alimentarios: Como la anorexia y la bulimia, pueden ser vistos como formas de control o escape de emociones difíciles. En constelaciones familiares, estos trastornos pueden estar conectados con dinámicas de control y poder en la familia.
- Comer Compulsivamente: Utilizar la comida como una forma de consuelo emocional puede estar vinculado a la falta de apoyo emocional en la familia o a la repetición de patrones de comportamiento relacionados con la comida.

Adicciones Relacionales:

- Codependencia: Una adicción a estar en relaciones en las que uno es dependiente del otro para la validación y el apoyo emocional. Esto puede estar relacionado con patrones familiares de dependencia emocional o con una historia de relaciones disfuncionales.
- Adicción al Sexo o al Amor: La búsqueda compulsiva de relaciones románticas o sexuales puede ser una forma de escapar de la soledad o de buscar una validación emocional que falta en otras áreas de la vida.

Las adicciones, son vistas como manifestaciones de dinámicas más profundas dentro del sistema familiar. Al explorar estas dinámicas, es posible comprender mejor las raíces de las adicciones y trabajar hacia una sanación que aborde tanto los síntomas como las causas subyacentes. Es importante recordar que las constelaciones familiares no son un sustituto del tratamiento médico o psicológico, pero pueden ofrecer una valiosa perspectiva complementaria en el proceso de recuperación y sanación.

ENFERMEDADES CRÓNICAS

Las enfermedades crónicas como la diabetes, los trastornos tiroideos y la obesidad, aunque se entienden generalmente desde una perspectiva médica y biológica, también pueden ser abordadas desde el enfoque de las constelaciones familiares. Este enfoque sistémico permite explorar las conexiones emocionales y transgeneracionales que pueden influir en la manifestación y perpetuación de estas condiciones. A continuación, se profundiza en cada una de estas enfermedades desde la perspectiva de las constelaciones familiares.

DIABETES

La diabetes es una enfermedad crónica que afecta la capacidad del cuerpo para regular los niveles de azúcar en la sangre. En las constelaciones familiares, la diabetes puede explorarse a través de varias dinámicas sistémicas:

- Patrones de Control y Estrés: La diabetes, especialmente la diabetes tipo 2, está asociada con altos niveles de estrés y patrones de control en la vida de una persona. En una constelación, se puede explorar si estos patrones están conectados con dinámicas familiares como una figura paterna o materna controladora, o situaciones en las que el individuo ha sentido la necesidad de tomar un control excesivo sobre su entorno para sentirse seguro.

- Temas de Dulzura y Amargura: Desde una perspectiva simbólica, el azúcar puede representar "dulzura" en la vida. La incapacidad del cuerpo para manejar el azúcar puede reflejar un problema emocional relacionado con la recepción o la falta de dulzura en la vida. Las constelaciones pueden ayudar a revelar historias de amargura, tristeza o pérdida en el sistema familiar, que pueden estar influyendo en la salud de la persona.

- Lealtades Invisibles y Culpa: En algunos casos, la diabetes puede estar ligada a lealtades invisibles hacia un antepasado que sufrió una enfermedad similar, o como una forma de expiación de una culpa inconsciente. La exploración de estas dinámicas puede ayudar a liberar estas cargas emocionales.

TRASTORNOS TIROIDEOS

Los trastornos tiroideos, como el hipotiroidismo y el hipertiroidismo, afectan la función de la glándula tiroides y pueden tener una variedad de síntomas físicos y emocionales. En el contexto de las constelaciones familiares:

- Comunicación y Expresión: La glándula tiroides está ubicada en el área del cuello, cerca del chakra de la garganta, que está asociado con la comunicación y la expresión. Problemas con la tiroides pueden simbolizar dificultades para expresar emociones o necesidades, o un miedo a hablar la verdad. Las constelaciones pueden ayudar a explorar si hay historias de silenciación, represión emocional o falta de voz en la familia.

- Temas de Energía y Vitalidad: La tiroides regula el metabolismo y la energía del cuerpo. Problemas como el hipotiroidismo (metabolismo lento) pueden reflejar una falta de energía vital o un sentimiento de estar estancado en la vida. El hipertiroidismo (metabolismo acelerado), por otro lado, puede estar asociado con un exceso de presión o expectativas. Las constelaciones pueden explorar estas dinámicas, especialmente en relación con la historia familiar de trabajo, esfuerzo y expectativas.

- Lealtades Invisibles y Sacrificio: Los trastornos tiroideos también pueden estar relacionados con patrones de sacrificio o autoanulación en la familia. Una persona puede, inconscientemente, limitar su propia expresión o energía como una forma de ser leal a un antepasado que también vivió de una manera contenida o restringida.

OBESIDAD

La obesidad es una condición compleja que puede estar influenciada por factores genéticos, metabólicos, conductuales y emocionales. Desde la perspectiva de las constelaciones familiares:

- Protección y Supervivencia: El exceso de peso a veces puede verse como una forma de protección o armadura. En una constelación, se puede explorar si esta necesidad de protección está relacionada con experiencias de peligro, abuso o trauma en la historia familiar. El cuerpo puede estar simbólicamente protegiéndose al "construir una barrera" contra el mundo exterior.

- Temas de Abundancia y Escasez: La obesidad también puede relacionarse con patrones de abundancia o escasez en el sistema familiar. Esto puede incluir historias de escasez de alimentos, privación emocional o experiencias de abundancia que se volvieron abrumadoras. Las constelaciones pueden ayudar a revelar estas conexiones y a trabajar con ellas para encontrar un equilibrio saludable.

- Autoestima y Autoimagen: Las constelaciones familiares pueden ayudar a explorar temas de autoestima y autoimagen. Problemas de peso pueden estar vinculados a creencias familiares sobre el valor y la aceptación, o a experiencias de rechazo o falta de amor. Al abordar estas dinámicas, es posible trabajar hacia una imagen corporal más positiva y una relación más saludable con la comida y el cuerpo.

ALZHEIMER

El Alzheimer, una enfermedad neurodegenerativa que afecta la memoria, el pensamiento y el comportamiento, se caracteriza en el ámbito médico por la acumulación de placas amiloides y ovillos neurofibrilares en el cerebro. Sin embargo, desde la perspectiva de las constelaciones familiares, esta condición puede ser interpretada de manera más profunda, considerando el impacto de las dinámicas familiares y los patrones transgeneracionales en su desarrollo.

Desde el enfoque de las constelaciones familiares, el Alzheimer puede ser visto como una manifestación simbólica de conflictos emocionales no resueltos, secretos familiares o patrones de exclusión dentro del sistema familiar. La enfermedad, que provoca una progresiva pérdida de memoria y de identidad personal, podría reflejar una desconexión más amplia con la historia familiar o una pérdida de identidad dentro del sistema familiar en general.

En una constelación familiar, se podría explorar si el individuo afectado está cargando con una pérdida de identidad o una desconexión en nombre de otro miembro de la familia. Esta pérdida simbólica de identidad puede estar vinculada a un sentimiento más amplio de desarraigo o de falta de conexión con la historia familiar, que se manifiesta a nivel emocional y físico a través de la enfermedad.

Otra dimensión por considerar es la tendencia a olvidar o reprimir el dolor. El Alzheimer podría interpretarse como una forma de olvido o represión de eventos dolorosos del pasado, tanto personales como familiares. Esto puede incluir traumas, pérdidas significativas o eventos emocionales que no se han procesado adecuadamente. Las constelaciones familiares pueden ayudar a desenterrar si hay una tendencia en el sistema familiar a ignorar o reprimir estos eventos, lo que podría contribuir a la manifestación física de la enfermedad.

Las lealtades invisibles son otro aspecto importante en este contexto. Estos patrones reflejan cómo los miembros de una familia pueden, inconscientemente, identificarse con las experiencias de otros miembros, especialmente aquellos que han sido excluidos o han sufrido. En el caso del Alzheimer, una persona podría estar manifestando síntomas como una forma de permanecer leal a un antepasado que también experimentó pérdida de identidad, una vida no vivida o exclusión dentro de la familia. Este tipo de lealtad inconsciente puede influir en la forma en que la enfermedad se manifiesta.

Finalmente, el Alzheimer puede estar relacionado con temas de control y la dificultad de soltar. La enfermedad podría simbolizar una forma extrema de "dejar ir", en la que el individuo, o su sistema familiar, enfrenta dificultades para soltar el control, aferrarse a personas, situaciones o resentimientos. En una constelación, se podría explorar si la enfermedad representa una forma en que el sistema familiar intenta resolver conflictos relacionados con la necesidad de control o la incapacidad de soltar ciertos aspectos de la vida.

Ejemplos y Casos

- Caso de Secreto Familiar No Resuelto: Un hombre mayor desarrolló Alzheimer, y durante una constelación se descubrió que había un secreto familiar relacionado con un hermano perdido durante la infancia. Este hermano había sido excluido del sistema familiar debido a su muerte temprana y la familia nunca habló de él. La constelación ayudó a reconocer y honrar a este hermano, permitiendo que el hombre mayor encontrara paz y reconexión con su historia familiar.

- Identificación con un Ancestro: Una mujer que desarrolló Alzheimer fue descubierta en una constelación familiar como identificándose inconscientemente con su abuela, quien había perdido a varios hijos durante la guerra y había experimentado un gran dolor. La mujer, a través de su enfermedad, estaba expresando un deseo de olvidar el dolor no resuelto de su abuela. La constelación permitió que la familia reconociera este dolor y liberara la carga emocional de la mujer.

Es importante destacar que el enfoque de las constelaciones familiares no sustituye el tratamiento médico para el Alzheimer, pero ofrece una perspectiva complementaria para comprender las posibles conexiones emocionales y sistémicas de la enfermedad. Al explorar y sanar estas conexiones, se puede ayudar a la persona y a su familia a encontrar mayor paz y comprensión, lo que puede influir positivamente en su bienestar emocional y, en algunos casos, en la calidad de vida.

IDENTIFICACIÓN CON ALGUIEN MUERTO

Las implicaciones y dinámicas relacionadas con la identificación con personas fallecidas y el acto de seguir a un muerto son aspectos profundos en el contexto de las Constelaciones Familiares. Estas dinámicas pueden tener un impacto significativo en la salud emocional, mental y física de los individuos. A continuación, se profundiza en estas implicaciones y dinámicas.

La *identificación con personas fallecidas* y el acto de seguir a un muerto son temas profundos en el ámbito de las Constelaciones Familiares, con implicaciones significativas para la salud emocional, mental y física de quienes experimentan estas dinámicas.

Cuando un individuo se identifica con alguien que ha fallecido, experimenta una conexión tan intensa con ese ser querido que comienza a vivir la vida desde la perspectiva del difunto. Esta identificación puede manifestarse de diversas formas, influyendo en los comportamientos, emociones y hasta en la salud. Uno de los efectos más comunes es la repetición de patrones. Por ejemplo, si un ancestro fallecido atravesó grandes dificultades económicas, sus descendientes pueden encontrarse enfrentando situaciones financieras similares. Esta repetición no es solo un eco de las circunstancias pasadas, sino una manera inconsciente de mantener viva la memoria del fallecido, a veces a expensas del propio bienestar.

Otro aspecto relevante es la carga emocional que la identificación puede acarrear. Los descendientes pueden cargar con emociones no resueltas del fallecido, como tristeza, enojo o culpa. Estas emociones, si no se abordan adecuadamente, pueden afectar gravemente la vida del individuo, manifestándose en problemas de salud mental y emocional. Un ejemplo común es cuando alguien hereda una tristeza profunda sin entender su origen, solo para descubrir más tarde que esta tristeza se originó en experiencias no resueltas de un ancestro fallecido.

Además, la identificación con un fallecido puede generar bloqueos en la vida actual del individuo. Al estar atrapado en la vida y decisiones del difunto, la persona puede encontrar difícil avanzar en su propio camino. Esto puede llevar a una sensación de estancamiento, donde se repiten patrones de comportamiento o se toman decisiones que no están alineadas con el propio crecimiento personal. Por ejemplo, una mujer que pierde a su madre a una edad temprana puede sentirse tan identificada con ella que le resulta difícil formar su propia identidad. Esta identificación puede llevarla a replicar patrones de comportamiento de su madre, como relacionarse con figuras dominantes o elegir parejas emocionalmente distantes, perpetuando dinámicas familiares disfuncionales.

El acto de seguir a un muerto ya sea en la vida o en la tumba, también tiene implicaciones profundas. Seguir a un muerto en la vida implica que un individuo se siente tan conectado con el fallecido que sus decisiones y acciones están profundamente influenciadas por esa conexión. Esta dinámica puede llevar a la persona a vivir su vida en función de las expectativas o deseos del difunto, impidiendo así la autodeterminación y el desarrollo personal.

Por otro lado, seguir a un muerto a la tumba se refiere a mantener una conexión tan fuerte con el fallecido que el individuo sigue estando emocionalmente atado a su memoria incluso después de su muerte. Esta conexión puede ser tan intensa que la persona se siente incapaz de avanzar o de disfrutar de su propia vida, atrapada en una especie de duelo continuo que impide el cierre y la sanación.

En el contexto de las Constelaciones Familiares, trabajar con estas dinámicas es esencial para restaurar el equilibrio y permitir que los individuos se liberen de las cargas heredadas. A través de la comprensión y la resolución de estas identificaciones y conexiones, se puede facilitar un proceso de sanación que permita a las personas vivir plenamente, en lugar de estar atrapadas en las sombras del pasado. Este proceso de liberación no solo ayuda a los individuos a encontrar su propio camino, sino que también promueve una mayor armonía en el sistema familiar en su totalidad.

Ejemplo:

Una mujer que pierde a su madre a una edad temprana puede sentir una fuerte identificación con ella y, como resultado, encontrar dificultades en formar su propia identidad y establecer sus propias relaciones. Puede adoptar comportamientos similares a los de su madre, como mantener una relación con una figura dominante en su vida, repetidamente eligiendo parejas que son emocionalmente distantes.

SEGUIR A UN MUERTO

"Seguir a un muerto" es una dinámica psicológica y emocional compleja que se manifiesta cuando una persona siente la necesidad de vivir su vida en conformidad con las decisiones, deseos o expectativas de alguien que ha fallecido. Este fenómeno puede surgir por diferentes razones y tiene implicaciones profundas en la vida del individuo.

Uno de los aspectos más notables de esta dinámica es el sacrificio personal que puede conllevar. La persona que se siente obligada a seguir los pasos de un fallecido pone en segundo plano sus propios sueños y aspiraciones, priorizando en su lugar los deseos o las metas que el fallecido no logró alcanzar. Este sacrificio puede ser tan profundo que el individuo abandona sus propios intereses, metas profesionales o personales para cumplir con un legado que siente que debe preservar.

La motivación de seguir a un muerto está vinculada a un sentido de obligación. Por ejemplo, un individuo puede asumir responsabilidades en el negocio familiar o en la gestión de asuntos del hogar en el lugar del familiar fallecido. Esta carga impuesta por expectativas o tradiciones puede llevar a la persona a vivir una vida que no necesariamente refleja sus propios deseos o elecciones, sino que está orientada a mantener una continuidad en la estructura familiar y en los compromisos que se consideran importantes para el bienestar colectivo.

Además, quienes se encuentran en esta situación pueden experimentar una resistencia al cambio significativa. El temor a traicionar la memoria del fallecido o a desviarse de un legado que consideran sagrado puede llevar a una aversión a explorar nuevas oportunidades o a adoptar caminos distintos en la vida. Esta resistencia al cambio puede manifestarse como una actitud conservadora ante nuevas posibilidades, con la persona sintiendo que cualquier desvío de lo establecido es una forma de deshonrar el legado del difunto.

Este patrón también puede tener efectos secundarios en la salud emocional y en las relaciones personales. La presión de cumplir con las expectativas del fallecido puede generar una carga emocional considerable, afectando la autoidentidad y la autoestima del individuo. Además, la incapacidad para seguir un camino auténtico y satisfactorio puede provocar sentimientos de frustración, resentimiento o incluso arrepentimiento a medida que el tiempo avanza.

En el contexto de las Constelaciones Familiares, se explora cómo estos patrones de seguir a un muerto pueden afectar a la dinámica familiar y al bienestar individual. A través de este enfoque terapéutico, se busca comprender y liberar estas lealtades inconscientes para permitir que cada miembro de la familia viva su vida de manera más libre y auténtica, honrando el pasado sin quedar atrapado en él. La sanación en este sentido implica reconocer y respetar la memoria del fallecido, pero también dar espacio para que el individuo desarrolle su propio camino y cumpla con sus propios deseos y necesidades.

Ejemplo:

Un hombre que toma la responsabilidad de la empresa familiar después de la muerte de su padre, a pesar de que no tiene interés en el negocio, puede sentirse atrapado en un rol que no le satisface. Aunque el negocio continúa, su felicidad y realización personal pueden verse comprometidas.

SEGUIR A UN MUERTO A LA TUMBA

El concepto de "seguir a un muerto a la tumba" se refiere a una dinámica psicológica y emocional en la que un individuo se adhiere tan estrechamente a la trayectoria de vida de una persona fallecida que sus propias acciones y decisiones están profundamente influenciadas por esa conexión, casi como si estuviera siguiendo al difunto hasta el final de su propia vida. Esta situación puede manifestarse a través de una lealtad tan intensa hacia el fallecido que el individuo adopta hábitos y comportamientos que, en última instancia, pueden poner en peligro su propia existencia.

Uno de los aspectos más significativos de esta dinámica es la sensación de desesperanza que puede surgir. La persona afectada puede experimentar un vacío existencial, creyendo que su vida solo tiene valor o propósito si permanece fiel a la memoria del fallecido. Esta desesperanza puede llevar a un estancamiento emocional y mental, donde el individuo siente que no hay un futuro significativo fuera del contexto de la pérdida que ha experimentado.

Otro patrón común en estos casos es la tendencia a desarrollar enfermedades o condiciones similares a las que padeció el fallecido. Esta manifestación inconsciente puede ser una forma simbólica de "seguir" al difunto en términos de salud, replicando sus problemas médicos como si fuera una manera de estar más cerca del ser querido que ha partido. Esta repetición de enfermedades no solo refleja una conexión profunda con el fallecido, sino también una falta de resolución respecto a la pérdida, que puede mantener al individuo atado a patrones disfuncionales.

Además, el deseo de mantener una lealtad perpetua a la memoria del fallecido puede limitar severamente el potencial personal del individuo. Al vivir bajo la sombra del legado del difunto, la persona puede sentirse atrapada en un ciclo de autosabotaje, evitando nuevas oportunidades o desafíos que podrían conducir al crecimiento personal. Esta limitación puede impedir que el individuo explore y desarrolle su propio camino en la vida, perpetuando una existencia que gira en torno a la figura del fallecido en lugar de avanzar hacia un futuro autónomo y pleno.

En la práctica de las Constelaciones Familiares, este patrón se aborda buscando comprender y restaurar el equilibrio entre el individuo y el fallecido. A través de esta exploración, se facilita el proceso de liberación de la influencia del difunto, permitiendo que el individuo recupere su propio poder y potencial. El objetivo es ayudar al afectado a reconciliarse con la memoria del fallecido de una manera que no interfiera con su bienestar actual, fomentando una vida más equilibrada y satisfactoria.

Ejemplo:

Una mujer que pierde a su esposo joven puede encontrar dificultades para continuar con su vida. A lo largo de los años, puede dejar de tomar decisiones importantes y vivir de una manera que refleje el dolor y la pérdida, en lugar de buscar su propio camino hacia la curación y la realización personal. Puede incluso desarrollar hábitos como la bebida o comportamientos autodestructivos, sin razón aparente.

DECIR SÍ A LA MUERTE

"Cuando miramos a los muertos con amor, no intentamos quedarnos con ellos,
ni ellos con nosotros. La mirada amorosa nos libera y nos muestra la verdad de que el amor y la muerte están
unidos en una gran paz."
Bert Hellinger

El concepto de "decir sí a la muerte" en el contexto de las constelaciones familiares aborda una dimensión profunda y compleja de la existencia humana. Este principio no se refiere a una aceptación superficial o resignada de la muerte, sino a una integración consciente y valiente de la muerte como una parte ineludible y esencial del ciclo de la vida. Aceptar la muerte de manera integral implica entenderla como un componente crucial del proceso de sanación y transformación, tanto a nivel personal como familiar.

Aceptar la muerte en este sentido no significa resignarse pasivamente o renunciar a la vida; más bien, se trata de reconocerla como una realidad inevitable que forma parte del flujo natural de la existencia. Este reconocimiento profundo ayuda a liberar los bloqueos emocionales y patrones de resistencia en torno al tema de la muerte y el duelo. Al enfrentar la muerte con valentía, se permite que el ciclo de la vida y la muerte se desarrolle de manera armónica, facilitando así la curación y el equilibrio en el sistema familiar.

En el marco de las constelaciones familiares, este concepto se manifiesta en la forma en que se aborda el duelo, la pérdida y las dinámicas relacionadas con la partida de seres queridos. Decir "sí" a la muerte significa aceptar el impacto que la pérdida de un miembro de la familia tiene en el sistema familiar y permitir que el dolor y el sufrimiento asociados con la muerte se procesen y transformen de manera saludable. Este enfoque también implica reconocer que cada miembro de la familia, incluidos los que han partido, tiene un lugar y un rol dentro del sistema familiar, y que honrar su memoria puede ser parte del proceso de sanación.

La aceptación de la muerte permite a los individuos y a las familias liberarse de las cargas emocionales y los patrones de comportamiento disfuncionales derivados del miedo o la resistencia a la muerte. Cuando se enfrenta a la muerte con apertura, se puede experimentar una mayor paz interior y una sensación de conexión más profunda con la vida y con los demás. Además, este reconocimiento puede facilitar la integración de las experiencias de pérdida, ayudando a restablecer el equilibrio en el sistema familiar y promoviendo una mayor comprensión y aceptación de la vida en su totalidad.

En resumen, decir "sí a la muerte" en el contexto de las constelaciones familiares es una invitación a enfrentar la realidad de la muerte con valentía y a integrar esta experiencia como una parte vital del ciclo de la vida. Aceptar la muerte de esta manera no solo contribuye a la sanación personal, sino que también facilita la transformación y el equilibrio dentro del sistema familiar, permitiendo que el flujo natural de la vida y la muerte se manifieste de manera armónica y saludable.

Todo esto incluye:

- Aceptación de la Realidad Ineludible: "Decir sí a la muerte" significa aceptar que la muerte es una parte natural de la vida, una realidad que todos enfrentaremos eventualmente. Esta aceptación puede aliviar el miedo, la ansiedad y la resistencia que muchas personas sienten hacia la muerte, permitiéndoles vivir más plenamente y sin el peso del temor constante. En el contexto de las constelaciones familiares, esta aceptación puede ayudar a liberar a los individuos de patrones familiares de miedo o negación de la muerte.

- Honrar a los Antepasados y a los Muertos: En muchas culturas y tradiciones, honrar a los muertos es una práctica sagrada. En las constelaciones familiares, "decir sí a la muerte" puede implicar el reconocimiento y el honor a los antepasados que han fallecido, aceptando su partida como parte de un ciclo natural. Esto puede incluir rituales de despedida, oraciones o ceremonias para reconocer su influencia y legado, y para liberar cualquier carga emocional no resuelta que pueda estar presente en el sistema familiar.

- Liberación de Culpas y Expiaciones: A veces, las personas llevan culpas o sienten la necesidad de expiar errores del pasado, ya sean propios o de sus antepasados. Este peso puede manifestarse en la vida como enfermedades, problemas emocionales o patrones de comportamiento autodestructivos. Al "decir sí a la muerte", se puede reconocer y liberar estas culpas, permitiendo que el individuo y la familia se liberen de patrones repetitivos y dolorosos.

- Reconocimiento del Ciclo de la Vida y la Muerte: Las constelaciones familiares enfatizan la importancia de reconocer y respetar el ciclo natural de vida y muerte. Este reconocimiento puede incluir aceptar la muerte de seres queridos, permitiendo el duelo y el luto como procesos necesarios para la sanación. Al aceptar la muerte, se abre espacio para la vida, permitiendo que los individuos vivan de manera más auténtica y plena, sin el peso de negar o temer la muerte.

- Sanación de la Relación con la Muerte: Muchas personas tienen una relación complicada con la muerte, ya sea por traumas pasados, experiencias de pérdida o por miedos y ansiedades culturales. En las constelaciones familiares, trabajar con la muerte puede ayudar a sanar estas relaciones, proporcionando una perspectiva más amplia y espiritual que ve la muerte no como un final definitivo, sino como una transición a otro estado de existencia o como parte de un ciclo continuo de vida y transformación.

EJEMPLOS DE "DECIR SÍ A LA MUERTE" EN CONSTELACIONES FAMILIARES

En una constelación, una persona puede estar enfrentando dificultades para aceptar la muerte de un ser querido, lo que puede manifestarse como depresión, ansiedad o problemas de salud. Al "decir sí a la muerte", esta persona puede trabajar para aceptar la pérdida, honrar la memoria del ser querido y permitir que el proceso de duelo ocurra de manera saludable.

Un individuo puede sentir una carga inexplicable de culpa o tristeza que se remonta a un evento traumático en la historia familiar, como una muerte violenta o una guerra. En este caso, "decir sí a la muerte" puede implicar reconocer y liberar esta carga, permitiendo que el individuo se libere de la necesidad de expiar o llevar un peso que no le corresponde.

En algunos casos, aceptar la posibilidad de la muerte puede llevar a una profunda sanación emocional y espiritual. Esto no significa renunciar a la vida, sino aceptar que la muerte es una posibilidad y que, a través de esta aceptación, se puede encontrar paz y resolución, lo que puede incluso tener efectos positivos en la salud física.

Las constelaciones familiares pueden revelar patrones de negación o tabú en torno a la muerte en una familia, como el ocultamiento de muertes prematuras, suicidios o abortos. Al "decir sí a la muerte", se puede traer a la luz estas historias, permitiendo que sean reconocidas y sanadas, y liberando a la familia de la necesidad de repetir patrones de dolor y sufrimiento.

RITUAL PARA CONSTELAR LA SALUD

La técnica para constelar la salud es un enfoque integral que busca restaurar el equilibrio y la plenitud del bienestar. Su propósito es ir más allá de la mera gestión de síntomas y enfermedades, enfocándose en la salud completa y en la identificación de recursos y beneficios ocultos que podrían estar influyendo en la condición actual del cliente. Aquí te presento una guía detallada sobre cómo llevar a cabo esta técnica, estructurada en varios pasos esenciales:

1. Selección de los Representantes

En este primer paso, se eligen los representantes que simbolizarán diversos aspectos relacionados con la salud del cliente. Es fundamental que cada representante sea seleccionado con atención y de acuerdo con el objetivo de la constelación. A continuación, se describen los tipos de representantes necesarios:

- Representante del Cliente: Este representante simboliza al propio cliente en la constelación. Su papel es reflejar las experiencias, emociones y estados físicos o mentales que el cliente está viviendo en relación con su salud.

- Representante del Órgano o Parte del Cuerpo Afectada: Este representante no debe representar la enfermedad en sí, sino el órgano o la parte del cuerpo que está en juego. Por ejemplo, si el problema está en el hígado, se seleccionará un representante para el hígado. El enfoque es positivo, destacando la función del órgano en lugar de enfocarse en los síntomas de la enfermedad.

- Representante de la Salud: Este representante simboliza el estado ideal de salud, el equilibrio y el bienestar que el cliente desea alcanzar. Su papel es representar la imagen de la salud plena y ayudar a visualizar la restauración del equilibrio.

- Representante de los Recursos: Aquí se eligen representantes para simbolizar todos los recursos disponibles para el cliente, como tratamientos médicos, terapias alternativas, apoyo psicológico, medicamentos y el apoyo de la familia y amigos. Este paso ayuda a identificar y movilizar los recursos que pueden contribuir al proceso de sanación.

- Representante de la Ganancia Secreta o Beneficio Oculto: Este representante simboliza el beneficio oculto o la ganancia secreta que el cliente puede estar obteniendo al mantener el síntoma. Estos beneficios no son evidentes a simple vista y pueden estar relacionados con la obtención de atención, evitar responsabilidades o mantener una conexión con un aspecto del pasado.

2. Despliegue de la Constelación

Una vez seleccionados los representantes, se lleva a cabo el despliegue de la constelación. En este proceso, los representantes se colocan en el espacio de acuerdo con sus percepciones y sentimientos sobre su rol. La disposición y las relaciones entre los representantes pueden revelar dinámicas ocultas y patrones que afectan la salud del cliente.

- Posicionamiento: Los representantes se colocan en el espacio en función de cómo se sienten respecto a su rol. La posición física de cada representante puede ofrecer indicios sobre las relaciones y las dinámicas internas que están en juego.

- Observación: El facilitador observa las interacciones entre los representantes, las emociones que surgen y las posibles tensiones o bloqueos. Esta observación permite identificar las áreas que necesitan atención y ajuste.

3. Identificación de Dinámicas y Soluciones

Con el despliegue de la constelación en marcha, se comienza a identificar las dinámicas subyacentes y las soluciones posibles. Este paso implica:

- Exploración de Relaciones: Analizar cómo se relacionan los representantes entre sí, especialmente cómo el cliente (representante) se conecta con el órgano afectado y con la imagen de la salud. Identificar cualquier discordancia o conflicto entre los representantes.

- Reconocimiento de Recursos: Examinar el papel de los recursos y cómo pueden ser utilizados de manera efectiva para apoyar al cliente en su proceso de sanación. Considerar cómo estos recursos pueden ser movilizados y optimizados.

- Revelación de Beneficios Ocultos: Identificar la ganancia secreta o el beneficio oculto que el cliente puede obtener al mantener el síntoma. Explorar cómo este beneficio puede estar influyendo en la persistencia del problema y considerar formas de resolverlo.

4. Integración y Cierre

El último paso es la integración y cierre de la constelación. Aquí, se trabajan las conclusiones y se realizan ajustes finales para restaurar el equilibrio y apoyar al cliente en su camino hacia la salud.

- Movilización de Recursos: Ayudar al cliente a integrar los recursos identificados en su vida diaria y a utilizar estos recursos de manera efectiva.

- Aceptar la Salud: Facilitar un proceso de aceptación de la salud plena y del estado deseado. Esto puede incluir visualizaciones, afirmaciones o acciones concretas que el cliente puede tomar para avanzar hacia su bienestar.

- Cierre y Agradecimiento: Concluir la constelación con un agradecimiento a todos los representantes y un cierre que permita al cliente sentir una sensación de resolución y claridad.

La técnica para constelar la salud se basa en un enfoque integral que busca identificar y resolver las dinámicas ocultas que afectan la salud del cliente. Al centrarse en los recursos, la salud ideal y los beneficios ocultos, esta técnica permite abordar no solo los síntomas de la enfermedad, sino también las causas profundas que pueden estar contribuyendo al problema. Al aplicar esta técnica con sensibilidad y profesionalismo, se puede facilitar un proceso de sanación profundo y duradero.

RITUAL DE PSICOMAGIA PARA UNA ENFERMEDAD FAMILIAR

Objetivo del Ritual:

Liberar la carga emocional y energética asociada con una enfermedad que ha afectado a varias generaciones en la familia, reconociendo y honrando a los ancestros que la padecieron, y abriendo un camino para la sanación.

Preparación:

Espacio Sagrado:

Encuentra un lugar tranquilo donde puedas estar sin interrupciones. Prepara el espacio con elementos que representen a tus antepasados, como fotografías, objetos personales o símbolos de la familia.

Elementos Necesarios:

- Una vela blanca (representa la luz y la sanación).
- Un recipiente con agua (símbolo de purificación y flujo).
- Una cinta roja (símbolo de vida y conexión).
- Flores frescas (símbolo de renovación y vida).
- Papel y lápiz.

EL RITUAL:

Iniciación:

Enciende la vela blanca, simbolizando la luz de la consciencia que ilumina el pasado y el presente.

Coloca el recipiente con agua frente a ti y la cinta roja a tu lado.

Siéntate cómodamente y respira profundamente, centrando tu atención en el propósito del ritual.

Reconocimiento de la Enfermedad:

Escribe en el papel el nombre de la enfermedad que ha afectado a tu familia. Añade una lista de los familiares que la han padecido, honrando a cada uno de ellos con amor y respeto.

Recita en voz alta: "Reconozco la presencia de [nombre de la enfermedad] en mi familia. Agradezco a mis antepasados por su fortaleza y les honro por todo lo que han vivido."

Liberación Simbólica:

Toma la cinta roja y átala alrededor de tus muñecas, simbolizando la conexión con la historia familiar y la carga heredada.

Sostén el papel con la lista y sumérgelo en el agua, visualizando cómo la carga de la enfermedad se disuelve en el agua, purificando y liberando.

Recita: "Con amor y compasión, libero la carga de esta enfermedad. Permito que el agua purifique nuestras heridas y sane nuestras almas."

Renovación y Sanación:

Desata la cinta roja de tus muñecas y colócala sobre el altar o junto a la vela, simbolizando la liberación y la apertura a nuevas energías.

Toma las flores frescas y, una por una, colócalas alrededor del recipiente con agua, mientras dices: "Honro la vida y el poder de la sanación en mí y en mi familia. Acepto la salud, la paz y el amor en nuestro linaje."

Cierre del Ritual:

Agradece a tus ancestros y al universo por la oportunidad de sanar. Apaga la vela con respeto, sabiendo que la luz de la sanación continúa brillando en ti y en tu familia.

Deja que el agua y las flores permanezcan en el altar o en un lugar especial durante unos días, permitiendo que la energía del ritual se asiente.

Post-Ritual:

Mantén una actitud de gratitud y apertura. Observa cómo se manifiestan los cambios en ti y en tu familia, y considera realizar este ritual periódicamente para mantener el flujo de sanación y liberación.

Este ritual de psicomagia, al trabajar con símbolos y actos conscientes, puede ayudar a transformar la relación con la enfermedad en la familia, promoviendo la sanación a nivel profundo y sistémico.

ACERCA DEL AUTOR

Rev. LIDIA NESTER (Ma. Dipti Vidya (Vidyananda) es maestra en medicina complementaria, autora, sanadora holística, Profesora de Yoga y Meditación, Astrólogo, consejera espiritual, entrenadora de vida, Sonoterapeuta, Sanadora de 5ª Dimensión, motivadora, canalizadora, Consteladora Familiar, Practicante y profesora de Biodescodificación y Transgeneracional, Programación Neurolingüística y Análisis Transsaccional. Sonoterapeuta ancestral, Practicante y profesora de Sanación Neochamánica, y Doctora en Divinidad.

Lidia Nester es la directora del INSTITUTO INTERNACIONAL DE DESARROLLO HOLÍSTICO, quien después de años de experiencia en el área creó el innovador enfoque de Las Constelaciones Familiares Integrales. Su método holístico e Inter dimensional ha transformado la manera en que se experimentan y comprenden las dinámicas familiares, permitiendo a sus estudiantes y consultantes profundizar en las raíces de los problemas emocionales, físicos y espirituales.

A lo largo de su carrera, Lidia Nester ha actualizado las técnicas tradicionales de constelaciones, integrando nuevas perspectivas energéticas y multidimensionales que abren puertas a un nivel más profundo de sanación y comprensión.

Con una visión amplia y actualizada, su enfoque único facilita la conexión con diferentes niveles de conciencia, promoviendo la armonía no solo en el sistema familiar, sino también en el campo personal y colectivo. Lidia Nester es conocida por su habilidad para guiar a las personas a través de procesos transformadores, acompañándolas con compasión y claridad hacia una sanación completa y auténtica.

LIDIANESTER.COM

SÍGUE A LIDIA POR LAS REDES Y SÚMATE A SU TRIBU DE AMOR Y LUZ:

https://www.facebook.com/Imlidianester
https://twitter.com/lidia_nester
https://www.youtube.com/@Imlidianester
https://www.instagram.com/lidia.nester/

Made in the USA
Las Vegas, NV
02 October 2024

96117055R00125